如何讓人聽你的 Magic Words

華頓商學院教你用文字

引發興趣、
拉近關係、
有效說服

Jonah Berger
約拿·博格

鄭煥昇——————譯

What to Say to Get Your Way

獻給所有曾讚嘆過文字力量的朋友

各界讚譽

作為一個說故事的人，我經常問孩子們「兩難」的問題。

舉個例子：

睡前，我說故事給女兒聽。我說，有個媽媽生病快死了，救她的方式是偷藥治病。但偷藥之後，小朋友就會被警察抓走，雖然媽媽的病好了，但小朋友再也看不到媽媽。

「如果是妳，應不應該去偷藥？」我問女兒。

女兒用幾乎要哭出來的表情，點點頭，說「應該」。

「可是偷了藥，就會被抓去關，從此再也看不到媽媽。」我刻意強化這個答案的副作用。

女兒遲疑了一下之後，還是點點頭，說「應該」，然後就……哭了出來。

我非常喜歡利用「兩難」來說故事，完全對立的兩種觀點，既能引人入勝，又能引發思考，簡直就是一舉兩得。

然而看了《如何讓人聽你的》一書之後，我才發現自己錯了。

書裡提到「兩難」常被稱為「兩種正確的對決」，因為它們牽涉到兩種道德動機的取捨。選擇一邊，就得放棄另外一邊，所以這當中不存在雙贏，只可能存在雙輸。

解決之道，簡單到難以置信，那就是「唸個咒語」：「把『應該』如何，改成『可以』如何」。

回到最初的故事，「應不應該去偷藥？」

唸個咒語，也就是換個問法：「女兒啊，面臨這樣的兩難處境，妳『可以』怎麼做？」

兩者的差別在哪裡？

當我問「應該如何」，它讓我女兒陷在「應該選 A 還是選 B」的兩難選擇時，她就活在「被動」的人生裡，因為 A 和 B 都是別人提供給她的，她其實連想都沒想。

反之，當我問「可以如何」時，她就活在「主動」的人生裡——得想個方法來解決眼前的難題。

於是除了別人提供的ＡＢ兩難之外，「可以如何」會激發出第三種選擇Ｃ。第三種選擇不只是創意，同時也是創造，更有可能是行動。

只要唸個咒語，換掉一個詞，就能產生思維的改變，從創意，到創造，最後引發行動。天啊，僅僅一個詞的差別，就可能改變人的命運。

書裡有許多這一類「唸個咒語改變命運」的例子，再舉一個：把動詞改成名詞。

今年暑假，我們全家到宜蘭鄉間 long stay。

有一天，我跟孩子們去溪邊釣魚。

橋上有個看板，上面寫著「丟垃圾的人是狗」。印象中，大部分的看板都是寫「禁止亂丟垃圾」。

兩者之間有什麼差別？

「禁止亂丟垃圾」，我看了就忘。

但「丟垃圾的人是狗」卻讓我有強大的警覺，於是離開溪邊之前，我特別認真地收拾善後，最後連不是自己的垃圾都順便帶走，以免被誤會是狗。

為什麼把動詞改成名詞，就會產生這麼強大的力量？

背後的原因，就麻煩你自己去翻書了。

我得去撿垃圾了，不，去學咒語了。

——許榮哲，華語首席故事教練

「幫我一下！」

「請幫我一下！」

這兩句話的差別在哪裡呢？單單多了個「請」字，聆聽的感受就會不同。

從我開始研究說話之後，更深切體會用字遣詞的無限力量。從希臘哲人亞里斯多德的著作中，明顯感受出幾千年前，就有很多人理解箇中意義，一旦字詞改變，影響力也改變。

如果你問朋友，你現在在哪邊工作？

「我在金融業工作。」

「我在銀行上班。」

「我在台北富邦銀行工作。」

你覺得這三個回答對你而言有差別嗎？包括內斂與開放、保守與前進，關鍵是「集合名詞」與「專有名詞」帶給別人不同的感受。

博格教授在這本書當中呈現出的用字遣詞面向，都是我們在生活與工作當中經常碰到的情境。因為說法的不同，會產生一種「驅力」，不僅改變別人也改變自己。但願我們都願意加入這一趟改變的旅行。

——王介安，GAS口語魅力培訓®創辦人

雖然書名聳動，但作者實際上真正想說的是三件事情：語言的力量、自信的重要，以及如何透過溝通表達自己的信念。溝通之所以困難，在於你同時要能覺察對方的情緒、語言背後的意圖，還要能夠準確地回應，表達自己的需求，在彼此之間尋求平衡。一方面要溫柔，另外一方面又要堅定；要具體，但又要充滿彈性，難怪有人會說語言是一門藝術。我想推薦給那些無法好好說話，甚至在關係當中經常會委屈自己的人，你不需要讓別人聽你的，但至少，你要讓自己能夠聽自己的。

——海苔熊，Podcaster

一本精采絕倫之作，闡述了我們的遣詞用字如何形塑我們的影響力。約拿・博格掌握了讓科學發光發熱的訣竅。他不光是教你如何在說話跟寫作上更有說服力——他會秀給你看。

——亞當・格蘭特，《紐約時報》冠軍暢銷作家，著有《逆思維》並身兼 TED podcast 節目「再：想一想」（Re:Thinking）主持人

這本書太令人驚豔了。書中呈現了各式各樣的點子來供你變得更加能言善道，還有令人耳目一新的見解帶你入門語言的科學。這本書將從根本上改變你說話的方式、聆聽的方式、寫作的方式——甚至改變你待人處事的方式。

——丹尼爾・品克，《紐約時報》冠軍暢銷作家，著有《後悔的力量》、《未來在等待的銷售人才》、《動機：單純的力量》

文字自有其力量——學著去驅策文字為自身所用，你就能看著自己於公於私脫

胎換骨！這本書滿載著實用建議和最新研究，是你不可或缺的指南，你可以拿它像塊磨刀石去砥礪自身的文字鋒利度，讓你不論是想說服人、賣東西、還是創造你的理想生活，處處都能暢行無阻。

——馬歇爾．葛史密斯博士，全球五十大思想家（Thinkers50）中首屈一指的企業高幹教練，著有《UP學：所有經理人相見恨晚的一本書》

我很慶幸，自己是眾多能向這位大師學習到什麼的眾生之一。

——詹姆．柯林斯，著有《從A到A+》、《基業長青》（合著）

我們天天泡在文字裡，終致我們偶爾會對文字的存在不知不覺。但事實是不同的文字有著不同的力量。這本書會告訴我們如何將具有魔力的文字發揚光大。

——查爾斯．杜希格，暢銷作家，著有《為什麼我們這樣生活，那樣工作？》、《為什麼這樣工作會快、準、好》

這本書改變了我說話的方式。看到真實、科學性的研究資料是如何演繹了我們該如說服別人、深化社會連結、提升個人的影響力，令人發自內心感到震撼無比。約拿・博格的研究結合他說起故事乾淨俐落的風格，絕對能讓這本書躋身行為科學的當代經典。

——蓋・拉茲，創業類 podcast 主持人，代表作包括「從無到有」(How I Built This)、「高層的智慧」(Wisdom from the Top)、「大創造者」(The Great Creators)、「世界之哇」(Wow in the World)

知道答案跟把成效做出來是兩回事，而這兩回事有時當中就只隔著幾個字。除非你對說服力毫不飢渴，否則這本書你非讀不可。

——史考特・蓋洛威，《紐約時報》暢銷作家，著有《四騎士主宰的未來》

目次

才一歲多一點，我們的兒子賈斯柏就開始會說please（請；拜託）這個字。或至少看得出他在試著說。他還發不出字母L的音，所以聽起來會像是在說peas（豌豆），但已經夠接近了，我們已經能接收到他想表達的主旨。

他使用please一字的這件事，究其本體，並不那麼令人吃驚。畢竟大部分小孩長到六個月大時都已經認得基本的語音，而到了一歲左右，他們通常已經可以說出包含一到三個單字的句子。

真正有趣的，其實是他使用這個字的方式。

他會說出他想要的東西，像是up（上面）、yo（yogurt，優格）或brow ber（brown bear，他的咖啡色熊熊填充玩具），然後停下來觀察結果。如果能馬上如願以償，那便罷了。他不會再多說什麼。但若是他的願望沒獲得滿足，或是你好像在忙別的事情，沒有馬上衝去處理他的需求，那他就會直直看著你的眼睛，點著頭，並且說出那個字：peas。

隨著賈斯柏慢慢長大，他的字彙量也慢慢增加。他開始談起了他最喜歡的生物（dido！也就是 dinosaur，恐龍來著），他想要做的事情（wee，這指的是溜滑梯），還有數數兒（two，一二的二）。他甚至會在 peas 後面加上一個 yeah（對，沒錯）來讓你知道他是認真的，沒有在跟你開玩笑。所以說他會跟你說 yo、peas、yeah，翻譯成大人聽得懂的話就是，「對，我想要來點優格，而且我沒在跟你開玩笑。」

但這裡的 peas 很特別。因為 peas 是一項證據，證明了他第一次意識到語言內含有力量。原來語言可以推動人的行動。原來如果他想要某樣東西，而那樣東西遲遲不來，他加上了 peas 這個字就可以讓事情發生。或至少讓事情變得更加可能發生。

賈斯柏發現了他人生的第一個魔法咒語。

我們做的每一件事都跟語言脫不了干係。我們使用語言去溝通想法、表達自我、與親友建立連結。領袖帶領人們前進、業務員銷售東西、家長教養小孩，靠的都是語言。教師傳授知識、政務官治理社會、醫師說明病情，也都得使用語言。就連我們內心的私密想法，都必須用語言的形式存在。

有人估計我們每天使用的單字數量在一萬六千字之譜。[1]我們會書寫電子郵件、彙編簡報，跟朋友、同事與客戶交談。我們會草擬交友網站的個人檔案，跟鄰居寒暄、和伴侶聊個天，關心他們今天過得如何。

只不過在花了這麼多時間使用語言之餘，我們卻很少去思考自己都用了哪些確切的語言。確實，我們會思索我們想要傳達的**概念**，但不太會認真思考傳達過程中特定的**遣詞用字**。有必要嗎？個別的字眼常常看來看去，都不會讓人有非哪個字不用的堅持。

就以我剛才寫下的句子為例。我在句子中用上了「特定的」（particular）這個單字，而它其實完全可以被代換為「個別的」（individual）、「確切的」（specific）和其他為數眾多的近義詞。在直覺上，意思的傳達有著顯而易見的重要性，相較下，用來達成這個目的的特定用字常常顯得無足輕重，怎麼樣都好。可以任由機緣巧合來決定說法，想到什麼就說什麼。

但事實證明這直覺是錯的。而且錯得離譜。

一個字改變世界

在一九四〇年代，只需一個字就足以改變世界。每當災難來襲，或有大魔王威脅要毀滅人類文明，漫畫中的青少年比利．貝特森就會喊出**沙贊**！然後變身成擁有超絕力量與速度的超級英雄。

像這樣蘊含魔法的字眼，在我們的世界裡從來沒有缺席過。從基本款的「天靈靈地靈靈！」與「我變我變我變變變！」到「芝麻開門！」，再到《哈利波特》裡用來召喚護法的「疾疾，護法現身！」，魔法師、巫師與各式各樣的英雄們都沒少用語言來召喚出神祕的力量。而就跟能迷惑人心的咒語一樣，某些字句只要使用得法，就能神通廣大地改變很多事情、做到很多事情。聽者往往對這些字句沒有任何抵抗力。

很顯然是胡謅，對吧？那可不見得。

一九七〇年代末，在一項實驗中，哈佛大學的研究者在紐約城市大學的圖書館裡試著走近使用影印機的人，並請他們幫一個忙。2

紐約有名的東西很多，活力十足的文化、可口的食物、種族熔爐般多元的人群。但要說到人情味？真的還好。紐約客的特色是說話超快、工作勤奮，永遠在趕趕趕。所以要他們犧牲自己的方便去幫助一個素昧平生的路人，說這有難度都算客氣了。

這些研究者好奇的是，什麼因素可以讓人們被「說服」。在圖書館裡，研究團隊的一名暗樁會在桌邊等待人們開始影印東西。只要有人把資料往影印機上一放，這名研究員就會殺出來，走到這隻無辜白老鼠的身邊打斷他，並開口要求插隊先印。

研究團隊試盡了各種招數。對某些人，他們直接開口問：「不好意思，我只有五頁，可以讓我先印嗎？」對其他人，他們會加上一個「因為」（because）來說明原因，比方說：「不好意思，我只有五頁，可以讓我先印嗎？**因為**我在趕時間。」

這兩種辦法幾乎一模一樣。都會很有禮貌地加上「不好意思」，都會要求先用影印機，也都會說明自己只有五頁要印。所造成的不方便也相同。在兩種狀況下，實驗對象都一樣得停下手邊工作，把資料從影印機上取下，然後無所事事地擺弄手指，等待插隊的人印好。

但這兩種做法儘管相似，產生的效果卻非常不同。加入「因為」這一個詞，使得同意讓研究者插隊的人數增加了超過百分之五十。

用一個詞就讓說服成功的案例增加百分之五十。這增幅相當可觀，甚至可以說是天文數字。惟持平而論，你可以說這兩種做法差的不光是一個詞。說到底，包含了「因為」的做法不只添加了一個詞，更同時為這不情之請添加了一個理由（是因為趕時間才冒昧開口）。

所以，與其說是「因為」這一個詞說服了人們，也許是那個理由足夠充分，才提高了人們答應的可能性。求助者都說了他們趕時間，而實驗對象則不趕，所以也許他們的答應是出於禮貌，是出於日行一善的心態。

但真相並非如此。因為研究者還試了另外一種做法。針對第三組人，暗椿沒有給出一個像樣的理由，而是給出了一個莫名其妙的說法：「不好意思，我只有五頁。可以讓我先印嗎？因為我需要印東西。」

這一次，實驗者沒有給出任何可供參考的新資訊。畢竟影印機就是影印機，你不是來印東西的還能是來幹什麼的呢？所以硬加上那一個詞——「因為」——理論上不會造成任何差別。如果提供正當理由是說服人們接受插隊的原因，那麼實驗者說他們需要先用影印機是因為他們需要影印東西，理應不會有任何效果。事實上，鑑於這個理由實在太過無厘頭，甚至可能會降低說服力，使人們更不可能讓出影印機。

但實際的狀況不是這樣。加進一個毫無意義的理由非但沒有讓說服力下降，反而讓說服力上升了——效果不輸正當理由。說服的力量並非來自理由本身，而是來自理由前面的那個詞：因為（because）。

這項影印機的研究只不過是展現文字魔力的其中一例。不說你「喜歡」而說你「推薦」一樣東西，可以讓你的提議被接受的比率上升百分之三十二。上市企業在財報電話會議中所使用的語言，足以左右公司的股價，執行長採用的語言也會實際影響公司的投資回報。（以英語來說，在交友網站的自介中使用文法比較講究的 whom〔who 的受格，口語中很多人不會做出區分〕這個字，可以讓一名男性約到對象的機會提高百分之三十一。在求職信中增加介系詞的用量，可以讓你獲得雇用的機會高出百分之二十四。在介紹產品時用 is not 取代縮略的 isn't，可以讓人願意為這個產品多付三塊美元。）

我們是怎麼知道這些的？答案是透過新的語言科學。機器學習、計算語言學和自然語言處理等領域的科技進步，加上從求職信到人際對話等大量資料的數位化，讓我們的語言分析能力有了革命性的躍進，也帶來了對語言前所未有的深刻見解。

我會開始運用自動化文本分析，完全是一場意外。當時是二〇〇〇年代中期，我在賓州大學華頓商學院還是上任第一年的菜鳥教授，正在研究特定人事物是如何風行起來的。我們感興趣的是人們為什麼會討論和分享某些人事物，而非其他。我們為此蒐集整理出的資料集包含了數以千計的《紐約時報》文章，從頭版消息、世界要聞、運動賽事到生活風格應有盡有。其中許多文章都相當精彩，但僅有當中的一小部分能夠登上「電郵轉發數最高」的榜單，而我們試著要搞懂箇中原因。

為了找出答案，我們需要針對使內容獲得瘋傳的各種可能緣由進行評估。比方說，也許登上了《紐約時報》網站首頁的文章可以獲得較多關注，所以我們就測量了這一點。同樣地，也許某些版面的讀者較多，或者某些寫手的受眾群體比較大，所以我們也針對這些可能性進行了測量。

我們特別感興趣的是，有沒有某些特定的寫作方式會讓文章被分享的機率提高，但想知道這一點，我們就必須找到辦法去測量文章的各種特性，像是某篇文章可以喚起多少情緒，或內含多少實用的資訊。為此我們首先徵集了研究助理。一些對此研究感興趣的大學部學生會寫信問我他們可不可以參與研究，而這正是他們很容易可以幫上忙的地方。這些學生的工作是閱讀一篇文章，然後針對內容的各種特性做出評估，例如能觸動的情緒是多或少。

這種辦法的效果不差，至少一開始可以這麼講。學生們如此人工編碼的文章數從寥寥幾篇，慢慢累積到幾十篇。

但要把這種做法套用到全部的數千篇文章，問題就出現了。研究助理閱讀一篇文章總得花上一些時間，而閱讀十篇、百篇、千篇就需要十倍、百倍、千倍的時間。

我們招聘的研究助理已經組織成了一支小型軍隊。但即便如此，進度還是慢如牛步。再者，聘請的人數愈多，我們對文章分析的一致性就愈沒有把握。可能一名研究助理覺得某篇文章感人至深，另外一個人卻無動於衷，而我們擔憂這樣的個別差異會有損於研究結論的參考價值。我們需要一套能夠照尺度測量的客觀方法。一種能夠具一致性地測量上千篇文章，又不會讓助理們過勞的方法。

我開始跟一些同事討論這件事，有人提議我們試試看一種叫「語文探索與字詞計算」（Linguistic Inquiry and Word Count）的電腦程式。這個程式簡潔而高明。當使用者輸入一塊文字（一篇新聞報導或之類的東西），該程式會就文章的各個面向給出分數。比方說，透過計算文章中與情緒相關的字詞數量，這個程式能測量出該文章聚焦在情緒上的程度是多一點還是少一些。

不同於研究助理，程式永遠不會疲憊。再者，這個程式能表現出完美的一致性。它將事情編碼的方式永遠不會有任何改變。

這款通常縮寫為LIWC的語文探索與字詞計算程式，就這樣成為了我在研究工具中的新寵。[3]

文字裡的智慧

在那之後的大約二十年間，數以百計的新工具與新手法誕生了出來。我們有了方法可以計算特定的詞彙，發掘文件的主題，擷取字裡行間的智慧。

就像顯微鏡促成了生物學的革命，望遠鏡顛覆了天文學，自然語言處理工具也讓社會科學產生了質變，使人們對各式各樣的人類行為有了深入的理解。我們分析了客服電話，探究哪些遣詞用字可以提高客戶的滿意度；我們剖析了人際對話，尋找讓交流更順暢的要素；我們仔細解讀了網路文章，辨認可以鎖定讀者注意力的寫作風格。我們檢視了數以千計的電影劇本，來鑑別賣座鉅片的特質；我們研究了數萬篇學術論文，去了解怎樣的文筆才能發揮影響力；我們分析了數百萬篇網路評論文章，藉以得知語言是如何影響口碑。

我們判讀了醫病互動，以確認可以讓病人更遵守醫囑的因素；我們分析了假釋聽證會，來判斷何種元素可以構成有效的道歉；我們檢視了法律論證，看看是什麼讓人打贏官司。我們審視了數萬部電視劇的腳本，以釐清好故事的成分有哪些；我們解析了至少二十五萬首歌詞，以辨認出熱門金曲的特質。

就在這過程中，我看到了咒語的力量。沒錯，我們說出口的話是有影響力的，只是影響力也有高低之別。對的字眼，用在對的時間，就能改變人的心意、抓住群眾的注意力，用紙上談兵促成真實的行動。

所以，這些咒語究竟是什麼？我們又該如何去掌握它們的魔力？這本書揭開了藏在語言運作背後的科學祕密，還有更重要的，我們可以如何有效地讓這祕密為我們所用，讓我們可以去說服他人、深化關係，於私於公都取得更大的成功。

具體而言，我們一共會討論六種類型的咒語，對應到六種語言的功能：（一）啟動身分認同與能動性；（二）傳達自信；（三）問對問題；（四）善用具體性；（五）動之以情，還有（六）掌握相似性（與相異性）的力量。

一、啟動身分認同與能動性

用字遣詞可以告訴我們當家的是誰、該為後果負責的是誰，還有採取某項行動的意義。由此，用詞上差之毫釐，其後續影響就會差之千里。我們會在這部分一起來探索為什麼名詞比動詞更能幫助我們說服別人，為什麼把不字用對有助於我們達成目標，為什麼在捫心自問的問題裡改變區區一個字，就可以讓陷入瓶頸中的自己產生更大的創意。何以用第三人稱來討論自己可以降低焦慮、讓我們化身更好的溝通者。何以像「你」這樣一個不起眼的字可以促進某些社交互動，但又有害於某些交流。以及文字會如何影響能動性與同理心，進而左右一個人是否依道德行事、要不要現身投票、會不會跟另一半吵嘴。

二、傳達自信

文字不僅可以傳遞事實與意見，還可以傳達我們對特定事實與意見的信心，而這樣的自信又會決定我們在他人眼中的觀感，乃至於我們能發揮多少影響力。我們會在此一起學習幾件事情：擺脫錯誤的用字如何能讓蹩腳的業務員變身成部門的王牌；律師說話的方式，為何跟他們說出的內容一樣重要；什麼樣的語言風格可以讓人感覺更有信用、更值得信任、更具權威感；為什麼有自信的理財專家更能獲得眾人青睞，儘管他們不一定是對的；為什麼用現在式的 has 代替過去式的 had 去說一家餐廳的東西很好吃，會讓聽到的人更想去嚐個鮮。以及雖說篤定的態度有時是件好事，我會跟大家分享何以模稜兩可的語言有時效果更好。包括為何對有爭議的話題表達出懷疑，可以讓同溫層以外的人更願意傾聽，還有在什麼情況下，承認自己的侷限性可以讓人在溝通之間顯得更加值得信任。

三、問對問題

在這一章裡，你將學會問問題的科學原理。例如，為何向人請益可以讓你在別人眼中顯得更聰明；為何在約會中多問問題可以讓你有更大機會獲得第二次約會；哪些類型的問題比較管用，以及什麼時候才是正確的提問時機；要如何四兩撥千斤地擋開棘手的問題，以及如何讓他人有動機透露敏感的資訊。這一章也會寫到一對夫妻是如何發現了一種可以深化社交連結的萬無一失方法，還有問對問題如何可以讓人明白你真的在乎。

四、善用具體性

這一章要介紹的，是語言具體性的力量。像是哪些字眼可以讓人感覺你有認真在聽，為什麼說「處理」問題而不說「解決」問題可以提升客戶的滿意度。為什麼知識可以是一種詛咒；為什麼說「灰色T恤」而不是光說「上衣」可以提升業績。而為避免你以為具體永遠都比較好，我也會分享在哪些狀況下抽象一點才是上策。我會說明何以抽象的語言象徵著力量、友誼，而且有助於新創企業募得資金。

五、動之以情

第五章探索的是何以情緒語言可以增進參與，還有我們要如何在生活的各個層面上駕馭這種語言。我們會一起來發現，一名二十二歲的實習生是如何藉由掌握了構成一個好故事的科學，建起了一座podcast帝國；何以添加負面元素反而能讓人更享受那些正面的內容；何以使用情緒語言可以提升某些產品類別的銷售，但在其他類別上就無法如法炮製。你將學到如何留住他人的注意力，即使話題不特別有趣也無妨；你也會學到為什麼讓人感覺到自豪或幸福，會使他們不太去聽你接下來要說什麼。到了這章的尾聲，你會了解如何借助情緒語言的力量、什麼是對的使用時機，也會知道要如何透過報告、故事與內容的精心設計去深化聽眾的參與。

六、掌握相似性（與相異性）

這一章將會告訴你如何掌握相似性的語言。我會解釋語言上的相似性是什麼意思，還有它為什麼有助於解釋種種人際狀況，從誰能升官、誰能變成朋友，到誰會被開除、誰能得到第二次約會等等。但相似性也並非有百利而無一害。有時候不一樣會更好。我們會一起來發現非典型的歌曲最終何以流行起來，蘋果跟亞馬遜的語音助理 Siri 與 Alexa 背後的人工智慧如何被用來量化故事情節推進的速度多快、涉及的範圍多廣。讀完本章，你會明白如何迅速掌握他人的語言風格，何時該採用與他人相同或相異的語言，以及要用何種方式呈現自身想法才能淺顯易懂，同時獲得正面的回應。

七、語言透露的資訊

前面六章把焦點放在語言的影響力，亦即你可以如何使用語言去變成一個更幸福、更健康，也更加成功的人。在壓軸的第七章中，我會告訴你語言可以揭示出哪些強而有力的訊息。例如學者是如何不用真正閱讀文本，就能辨認一齣戲是不是出自莎士比亞之手，或是你可以如何根據申請書中的遣詞用字，就預判出誰是會違約的貸款人（小提醒：不要太信任外向者）。你還會發現語言可以揭示更廣大的社會中種種事物的內在；為數二十五萬首的歌曲分析是如何回答了一個行之有年的問題：我們所聽的音樂是否有厭女成分（跟狀況有沒有隨著時間過去而好轉）；隨身攝影機的畫面如何顯示出警方在跟黑人或白人社區成員交談時，言詞間悄悄滲入的隱微偏見。讀完本章，你會更知道如何用語言去破解身邊世界的密碼。你會更有能力從言詞中獲悉他人的個性與行事動機，也更能看出語言如何反映了細微的社會刻板印象與偏見。

本書的每一章都會專門介紹一種類別的咒語，並詳細說明運用方式。有些觀念就只是用「不要」（don't）去取代「不能」（can't）這麼簡單。但也有些比較複雜一點，要視情境的不同來隨機應變。

除此之外，雖然本書的重點放在如何讓語言發揮更大的效用，但如果你對發掘這些語言見解所使用的工具感興趣，不妨可以去看看附錄的參考資料指南，其中列出了一些主要方法，以及各種企業、組織與產業的應用案例。

我們不一定有這樣的自覺，但其實我們每個人都是寫作者。我們不見得會出書或報導新聞，也不會以作家或記者自居，但我們都在書寫。我們會寫電郵給同事，會傳訊息給朋友。我們要交報告給老闆，還得為客戶草擬簡報內容。

我們也都是要公開發言的講者。我們或許不會站到大舞台上，成為數千雙眼睛的矚目焦點，但我們確實都要在人前發言。無論是向公司做簡報，或是在初次約會中漫天閒聊；不管是要請求好心人認捐，還是要叫孩子們打掃房間。不過，若要成為一名優秀的寫作者和講者——有意識且用心地溝通表達——我們就必須要用對字眼。讓人專心聽你說話、說服人照你的意思去做，都不是件容易的事。為他人注入動機、激發人的創意，以及建立起社交關係，也都具有相當的挑戰性。

而對的用字會助你一臂之力。

常有人說那個誰對遣詞用字很有一套。他們一開口就是充滿說服力，就是散發一種個人魅力，你會覺得怪了，這些人總是怎麼說怎麼對。但我們其他人就只是出生的時候不受老天眷顧嗎？

非也。

因為文筆好跟口才好並不是與生俱來的天賦，那是一件你可以學會的事情。語言有種神奇的影響力，而只要能掌握其發揮力量的時機、原因跟機制，我們就能利用語言來增進自身的影響力。

不論你是想要讓自己更有效地運用語言，或者只是想明白箇中的祕密，這本書都會滿足你的需求。

---

1 Matthias R. Mehl et al., "Are Women Really More Talkative than Men?," *Science* 317, no. 5834 (2007): 82, doi.org/10.1126/science.1139940.

2 Ellen J. Langer, Arthur Blank, and Benzion Chanowitz, "The Mindlessness of Ostensibly Thoughtful Action: The Role of 'Placebic' Information in Interpersonal Interaction," *Journal of Personality and Social Psychology* 36, no. 6 (1978): 635.

3 如果你對LIWC有興趣，我推薦你去看看詹姆斯・潘尼貝克（James W. Pennebaker）的傑作《代名詞的祕密生活（暫譯）》（*The Secret Life of Pronouns*）。

第一章

啟動身分認同與能動性

就在矽谷那些終日奔忙的創投公司不遠處，一條不起眼的小街上坐落著一間被譽為全美第一流的學前機構。賓格幼稚園（Bing Nursery School）是每個孩子的夢想。每間教室都附帶廣達半英畝（超過六百坪）的戶外空間，高低起伏的圓丘與橋梁、沙坑、雞舍、兔屋一應俱全。寬闊而採光明亮的教室配備有充裕的美勞用品、積木與其他各種設計來激發潛力和豐富經驗的素材。就連建築物本身都考量到了小朋友的需求，讓窗戶往下延伸到小小孩也構得著的高度。

不出所料，入學的競爭可說血流成河。數以千計的焦慮家長吵著要擠進只有幾百個名額的等候名單，許多家長更拚了命要說服招生主管，要他們相信自家孩子天賦異稟，一個個不是音樂神童，就是小小年紀已經能用多國語言數數字的天才。

但賓格幼稚園要找的不是超群出眾的孩子；事實上剛好相反。園方希望的是招募一群多元化的孩子來反映整體的社會現況。因為賓格不只是一間幼稚園，還是一間實驗室。

在一九六〇年代初期，史丹佛大學打算新成立一間實驗學校。大學裡的教職員需要托兒服務，教育與心理科系的碩博士生則需要實作的機會，所以在美國國家科學基金會（National Science Foundation）的贊助支持下，史丹佛大學建立了一所走在時代尖端的研究機構。友善舒適的室內外空間讓賓格成為一間模範幼稚園，而教室裡的單向鏡與獨立出來的觀察空間更進一步使這裡成為了一個供學者研究兒童身心發展的理想處所。

從那之後，賓格培植了數以百計的研究。譬如知名的「棉花糖測試」就是在賓格幼稚園觀察了孩子延後欲望滿足的能力（也就是忍著不吃面前的棉花糖，藉此在後來換得第二顆棉花糖那個實驗）。而另一個同樣在賓格進行實驗的內在動機研究，則發現如果獎勵孩子做他們原本就喜歡的事情（比方說著色），反而會讓他們日後愈來愈不想做這件事。

比較近期的一項研究中，一群科學家在賓格幼稚園探索了如何鼓勵孩子幫忙做事。[1]服務精神的重要性應該毋須多言。家長會開口要孩子幫忙收拾碗盤；老師會要孩子幫忙收拾玩具；同儕會要其他孩子幫忙推鞦韆。

但任何一個曾要求孩子去辦點事的人都可以作證，孩子並不是隨時都熱心助人。

就像客戶與同事一樣，孩子不見得每次都有興趣配合我們。他們有空寧可去疊磁力積木，寧可去跳沙發，寧可去把壁櫃裡所有綁好的鞋帶都拆開，就是不想聽你使喚。

為了搞清楚如何說服小孩乃至於其他成人聽話，科學家找來一群四、五歲的小朋友，要他們做一件小孩特別不情願的事情：幫忙整理東西。地板上有一堆積木需要放進容器裡，有玩具需要收拾，還有一筒翻倒的蠟筆要整理。為了提高說服的難度，科學家更刻意等到孩子們已經專注在其他事情——比方說玩玩具或用蠟筆畫畫，才開口要他們幫忙整理。這個節骨眼上的小孩自然特別不想動。

對其中一些孩子，實驗者會直接要求他們幫忙。他們會被提醒「幫忙是一件好事」，包括從撿起掉落的東西，到對有需要的人伸出援手等大小事。

但對另外一群小孩，學者嘗試了一種比較有意思的干預。這組孩子接受到了幾乎完全一樣的「教導」，同樣一番助人為快樂之本與我們具體上可以做哪些事情去幫忙別人的高談闊論。但有一個細節不同，學者沒有要這組孩子「去幫忙」（help），而是請他們去當個「小幫手」（helper）。

其中的差別看似微不足道。如果我不講，你可能根本都不會注意到。從很多方面來看也真的是幾乎沒差。實驗者的兩次說詞都涉及相同的內容（譬如撿東西），兩次說詞都用到了 help 這個字。事實上，所謂的差別不過就是兩個英文字母：在 help 後面加上 er。

但就是這麼微小的兩個字母的調整，造成的結果卻大不相同。相較於單純地「請孩子去幫忙」，改成「請孩子去當個小幫手」讓孩子願意幫忙的案例增加了三分之一。

為什麼會這樣？光是兩個字母為何有這麼大的影響力？

實驗者最後得出的答案如下：是動詞與名詞之間的選擇讓事情變得不同。

把行動變成身分認同

假設我告訴你有兩個人，芮貝卡與弗列德。芮貝卡會去慢跑，弗列德是個跑者。你會覺得誰更喜歡跑步一點？

我們可以用各種角度去形容一個人。彼得老，而史考特年輕。蘇珊是女性，而湯姆是男性。查理喜歡棒球，克里斯頓是個自由派，麥克很愛吃巧克力。潔西卡是個晨型人，丹尼喜愛狗狗，而吉兒是個嗜喝咖啡的人。從年紀跟性別等人口統計資料，再到個人的觀點、特質與偏好，這些種種描述都能讓我們對一個人的本質與模樣產生某種概念。

但同樣一件事，說法也可以百百款。比方說一個在政治上左傾之人，我們可以說他「信奉自由主義」，也可以說他「是個自由派」。一個人愛狗，我們可以說他「愛狗」，也可以說他是個「愛狗人士」。這些差別看似雞毛蒜皮，但在上述例子中，後者所描述的都是一種類別。一個人被描述為「信奉自由主義」，那給人的感覺是他抱持著一種左傾的信念。但如果我們形容某人「是個自由派」，給人的感覺則是他屬於一個特定的族群。他是確切的某群人士之中一個成員。

類別的標籤往往會透露著某種程度的永恆性或穩定性。相較於點出某人做了什麼或習慣做些什麼，感覺到了什麼或通常有什麼感覺，類別標籤暗示的是一種更深層的本質：某人是個什麼樣的人。不論所處的時空或場合，他們就是這樣的人。那就是他們不變的面貌。

相對於說某人「信奉自由主義」只顯示他現下抱持著左傾的信念，說他是個自由派則意謂著一種常年的心境。說某人愛狗，意指他目前有這種感受，但說他們是愛狗人士，則暗示他們是某種類型的人，直到天長地久都不會變。有些可以視為暫時性狀態的事情（莎莉沒有把碗盤收拾掉），會因為用上了類別標籤而顯得更根深蒂固（莎莉是個邋遢鬼）。「失敗」很糟糕，但更糟糕的是變成人生的「失敗組」。

確實，在聽說某個叫蘿絲的人「吃了很多紅蘿蔔」後，你可以形容她是個「紅蘿蔔控」，而這會讓觀察者覺得蘿絲這一面的個性是比較穩定的。他們聽到「紅蘿蔔控」的說法，更容易覺得蘿絲大概年輕時就很愛吃紅蘿蔔，將來大概也會繼續愛吃紅蘿蔔，就算身邊的人攔著她，她可能還是會繼續吃。不論是過去還是未來，也不論有沒有人反對和阻止，她對紅蘿蔔都會不離不棄。[2]

標籤的影射力量之強大，使得人們經常得小心地把標籤跟行為拆分開來。譬如當一名律師為客戶爭取從寬處理時，就可能會強調：「他不是個罪犯，他只是做了一個錯誤的決定。」同樣地，某個體育賽事迷也可能會說：「我只是會看看比賽，但我不是狂熱粉絲。」

在所有這些案例中，標籤都牽涉到發言中一個特定的部分：名詞。用來形容人的「自由開明」是形容詞，而作為一個類別標籤的「自由派」則是名詞。說某人「常常去跑步」，當中的「跑」是個動詞，說某人是「跑者」，則是把跑的動作（動詞）變成一種身分認同（名詞）。

橫跨各種主題與領域的研究發現，把行動轉變為身分認同，會有形塑他人觀感的效果。[3]比方聽說某人是個「嗜喝咖啡的人」（相較於：這人咖啡喝得很兇），或是聽說某人是個「電腦阿宅」（相較於：這人常常泡在電腦前面），會引導觀察者認為這人更加喜歡咖啡／電腦，更不可能會放棄這項愛好，並且在周遭無人支持的情況下更可能繼續堅持下去。

把以動詞為中心的陳述（他「喝咖啡」）改成以名詞為主（他「是個喝咖啡的人」）會讓人感覺這種態度或偏好更像是他的秉性，因此更為強勁也更為穩定。愛喝咖啡被認定為他這個人的一部分，而不只是一種他手裡可以握著也可以放掉的行事作風。

把動作轉變成身分可以形塑他人觀感，這個事實可供我們應用在一些實用的方面。在履歷表上自稱是個「認真勤奮的工作者」會比說自己「工作認真勤奮」，更有助於我們給人留下好印象。形容我們的同事是「創新者」而非「很有創意」，會讓他們在外人眼中更有面子。

而這套方法能產生的效果不止如此。因為除了左右觀感以外，其背後的潛在概念還可以用來改變行為。透過把行為框定成一種宣言，向世界宣告你渴望的身分與自我認同，將行動轉為身分的過程還真的可以改變人的行為模式。

沒有人不想要自我感覺良好，不想覺得自己聰明、能幹、迷人、成功。我們有些人會在意自己是不是擅長運動、是不是知道很多小知識，或能不能巧妙地用冰箱裡剩下的食材變出一桌美味的晚餐，就算在意的點不同，但普遍而言我們都希望能看到一個讓人滿意的自己。也正因為如此，我們會根據對自己的期望去行事。想覺得自己是運動健將？那三不五時還是得去跑個步。想覺得自己有錢有地位？那百萬名車跟出國度假的錢就不能省。在根據人設來決定什麼該做、什麼不該做的過程中，我們等於在告訴自己，我們就是自己想當的那種人。

但有趣的地方來了。如果人們想呈現出某種形象，那只要把某些特定行為框定成一種能確認身分認同的機會，人們就會產生動機去按照框架行事。而這也就是前面賓格幼稚園的研究派上用場的地方。

在開口要小朋友幫忙時，我們常常會搬出動詞：「你可以幫忙清理積木嗎？」或「你可以幫忙洗碗嗎？」這兩句話都用上了「幫忙」這個動詞來提出請求。但同樣的請求也可以用名詞換句話說。比方說，與其請人幫忙清理積木，你可試試用名詞來造這樣一個句子：「你可以當我的小幫手，把積木整理好嗎？」這看似簡單的調整，可以把原本一個單純的動作（幫忙），變成了蘊藏著深意的訊息。這下子收拾積木不光是幫個小忙而已了，收積木變成了一個天賜良機，成為取得一個夢寐以求之頭銜的機會。

有些家長可能會覺得哪有這種事，但大部分的孩子都想要以小幫手自居。沒錯，他們沒辦法處理沉重的垃圾或幫家裡煮一頓晚飯，但這並不表示他們不想當個小幫手，對群體做出貢獻，事實上他們樂於擁抱這樣一個正面的身分。所以幫動詞取一個名字，或是將之轉換成名詞，便能把平凡無奇的動作（幫忙）變成一個能取得正面身分（小幫手）的機會。現在收拾積木變成一個好機會，我不僅可以告訴自己我是個好人，我甚至能讓別人看到我就是小幫手的一員。

要我幫忙？當然也沒什麼不行。但有機會能以小幫手自居？可以躋身那個我早就想加入的身分？那放下蠟筆去幫忙肯定不虧。而這也符合賓格幼稚園的孩子們所表現出的行為。

把動詞變成名詞的影響力，絕非僅限於讓小孩子清理積木而已。比方就在二○○八年，學者使用了同樣的原則提升選民的投票率。投票是民主運作的關鍵，也是影響國家運作方式的機會，但不去投票的人依舊不少。就跟幫助他人一樣，投票也是一種大家都知道該做，但未必每次都做到的事情。人會忙、會忘，或就是對這次候選人無感以至於沒去投下神聖的一票。

學者思索著能不能用語言來改善這個狀態。具體來講，相對於標準的溝通手段（懇請人民出門投票），他們嘗試了有點不一樣的做法：他們談到了身為一個選民該當如何。投票這個行為跟選民這個身分之間，差別也同樣微乎其微，不過就是在 vote 後面加上一個字母 r。但就是這麼點大的改變卻奏效了。投票率一口氣增加了百分之十五。[4]

把投票的行為加以改寫，使之變成取得一種正向身分——選民——的機會，便帶動了更多人參與其中。將投票這個單純的動作轉化成一個展現正面自我形象的機會，促使更多人採取了這個行動。

想讓人聽你說話嗎？那就請他當你的傾聽者。想讓人帶頭領導嗎？那就請他站出來成為領袖。想讓人更努力工作嗎？那就鼓勵他做個一流人才。[5]

同樣的概念，甚至也可以用來鼓勵人們避免不良行為。不誠實的代價相當高昂。比方說職場犯罪，就每年造成美國企業超過五百億美元的損失。

雖然人們常被鼓勵要秉持道德行事、要擇善固執，但祭出身分認同的語言可能會更有效果。確實有研究發現比起叫人「不要作弊」，說「不要當個會作弊的人」能讓作弊的數量下降一半以上。[6]一旦作弊會沾上人們不樂見的身分標籤，作弊發生的情況就會減少。

想讓人不要亂丟垃圾？與其說「請勿亂丟垃圾」，你應該說「請不要當個沒公德心的垃圾人」。希望孩子能說出實話？與其叫他「不要說謊」，說「不要成為一個愛說謊的人」會是比較有效的說法。

這些概念甚至可以應用在自己身上。想要養成運動或跑步的習慣嗎？跟人說你是個跑者（而不要說你平日會跑步），能讓跑步感覺更像是你身上穩定且恆久的一部分，讓你更可能持之以恆。

不過，把行動變成身分認同，只是某種更大的語言類型的其中一種應用。也就是「身分認同與能動性」的語言。

這類語言的另外四種應用是：（一）把不能改成不要；（二）把應該如何改成可以如何；（三）自我對話；（四）掌握「你」的使用時機。

把不能改成不要

語言可以促成我們希望看到的行動，是件引人入勝的事情。而除了指出我們希望成為的那個自己以外，語言還有另外一個作用：指明控制權在誰手中。

所有人都有他們想要達成的目標。有人想要多運動，有人想要減點肥。有人想要無債一身輕，有人想要把財理清楚。有些人想要變得有條理，有人想學習新東西，有人想多花點時間跟親朋好友在一起。

但雖然我們都有目標，也都很努力想達成它們，我們卻往往會功虧一簣。我們有心多運動，有心一手掌控財務狀況，但事情就是不會照我們的意思發生。

而其中一個很大的原因，就是誘惑太多了。我們是想吃得健康一點，但誰叫同事要揪去吃比薩，我們實在忍不住想參加。我們是想按規劃做事，但誰叫朋友在社群媒體上發了有趣的東西，把我們一吸進去就是兩個小時，回過頭來根本想不起來時間是怎麼過的。我們不是沒有盡力想讓新年新希望獲得實現，我們當然想翻開人生的新頁，但有太多的誘惑讓我們窒礙難行。

改變用字能拉我們一把嗎？

面對誘惑，我們常用的字眼是「不能」。那份深盤比薩（屬於芝加哥特色的厚底比薩）看起來太好吃了，但我不能吃，因為我正在努力吃得健康一點。我很樂意陪你去度假，但我不能，因為我在努力存錢。我們會不假思索地用出預設的不能，因為在需要解釋我們何以做不到某件事時，不能實在太好用了。

然而在二〇一〇年，兩名消費心理學家邀請對健康飲食有興趣的人參加了一項實驗，探討我們可以如何更有效地做到這一點。[7]參加者被告知他們每次面臨誘惑，都要嘗試一種特定的策略來避免投降。半數的人被要求採取常見的做法，也就是說出「我不能」。比方說在巧克力蛋糕的誘惑下，他們會對自己或別人說「我不能吃巧克力蛋糕」。

但另外一半的人則被要求採取稍微不一樣的做法：他們被鼓勵去說「我不要」來抵禦誘惑，而非說「我不能」。在巧克力蛋糕的誘惑下，他們會對自己或別人說出這樣的話：「我不要吃巧克力蛋糕。」

就像「幫忙」與「小幫手」之間的差別，「我不能」跟「我不要」之間的差別看似微小。事實上也真的相差無幾，都是三個字，也都是我們一天到晚掛在嘴邊，用來表示拒絕的說法。

但事實證明這兩個字詞的效果天差地遠。在回答過幾個問題，並完成了一個不相關的實驗後，受試者起身離開房間。而就在他們繳交問卷的時候，實驗者會以感謝參與實驗的名義提供小禮物，他們可以在兩樣點心之中擇一：普通的巧克力棒，或比較健康的燕麥棒。

巧克力棒看起來好吃極了。果不其然，練習說「我不能」的那組有七成五的人拿了巧克力棒。但輪到說「我不要」的那組時，屈服於巧克力棒誘惑的人一口氣少了一半。用「我不要」取代「我不能」，讓人抗拒誘惑而堅持目標的能力提升了一倍以上。

經過進一步探究之後，科學家們發現，說「我不要」之所以比較有效，是因為這句話所帶給人們的感受。

說「我不能」，不僅表示著我們無法做某件事情，同時也暗示著無法去做是出於某種特定的理由。要了解那個理由是什麼，試著完成下列的句子填空就知道了。

我不能吃＿＿＿＿＿，是因為＿＿＿＿＿。

我不能買＿＿＿＿＿，是因為＿＿＿＿＿。

我不能做＿＿＿＿＿，是因為＿＿＿＿＿。

不論你在第一個空格裡填入了何種食物、商品或行為，你在「是因為」後面的第二個空格裡填入的東西，多半會是某種外部的限制。我不能吃深盤比薩，是因為我的醫生說我飲食不夠健康。我不能買新電視，是因為老婆要我存錢。

說「我不能」往往意謂著我們想要做某件事，但有別的事情或某個人不讓我們得償所願。某些外部限制（像是醫生、配偶等）攔住了我們，讓我們沒辦法隨心所欲。

但是說「我不（要）」，則帶有很不一樣的暗示。在填空的句式改成「我不（要）」之後，受試者在第二格中填入的理由有了很大的不同。不信你也可以試試看下面的三題。

我不（要）吃＿＿＿＿＿，是因為＿＿＿＿＿。

我不（要）買＿＿＿＿＿，是因為＿＿＿＿＿。

我不（要）＿＿＿＿＿，是因為＿＿＿＿＿。

如果說「我不能」後面的理由是某種暫時性的限制，那說「我不要」的後面就是某種比較常態性的動機，一種根深蒂固的態度。

而且相較於「我不能」代表的是一種外部的限縮，是有第三方的人事物在阻撓我們滿足自己的欲望，「我不要」的控制中心更像是處於自身的內在之中。我不吃深盤比薩是因為我其實也沒多愛吃。我不每五分鐘就檢查一次電郵是因為我想專心思考事情。

說「我不要」有助於抗拒誘惑，是因為這說法可以賦予人一股自主的力量。讓人感覺自己握有掌控權。「我不能」是有外力在妨礙他們按心意做事，「我不要」則相當於他們坐進了駕駛座，握住了方向盤。事情變成了他們說了算。當然，我也可以卯起來追劇、賺多少就花多少、整天耍廢浪費時間，但我寧可不要，我要選擇另一種做法。

而就是這種生命操之在我的感受，讓人得以對誘惑產生抗體。畢竟這些目標從一開始就是來自他們自己。

新年新希望很難堅持下去嗎？各種努力的目標很容易半途而廢嗎？不妨試試看用「我不要」來取代「我不能」。

嘗試把你為什麼不做某件事的原因寫下來，記得要特別注重那些讓你感到「事情是我說了算」的理由。要是怕忘記，你可以把這份「我不要」宣言寫在便利貼上，貼在冰箱或電腦上之類的地方，讓你在誘惑來襲時可以轉頭就看見。又或者你可以將之加到行事曆當中，設定在你知道自己的意志力會面臨考驗的時間跳出來。親手寫下的宣言會讓你重新獲得力量，讓你想起你才是自己的主人，因此更能堅持住自己的目標。

這一招也可以應用在其他類型的拒絕作戰上。有時候我們會陷入想拒絕他人請求又怕傷了和氣的狀況。幫忙別人或支持別人當然都是好事，但濫好人也不是人人能當。就像是有某個同事請我們加入一個跟我們本職全然無關的專案小組，或是某個主管要我們去做超出之前約定範圍的工作，這種時候想順利脫身可絕非易事。

專家常建議我們找一個「拒絕好夥伴」，一個跟我們串通好的同事、主管或某某某，借用這個人提供我們來自外部的推託藉口。

但其實不用那麼麻煩，善用語言就能幫助我們恢復自由。

在這樣的困境裡頭，「我不能」可說是一個很管用的字詞。雖然「我不能」不太能幫助我們拒絕誘惑，畢竟這話背後暗示著我們的行為是由外部因素推動，但也正是因此，使其成為了非常好用的擋箭牌。

說「我不能加入專案小組，因為老闆要我去帶新人」或說「我不能再接超出約定的額外工作，否則我手上的產品上市就會被拖到」，都能讓你和拒絕本身維持一定距離。並不是你不想幫忙，而是不得已，是有外力讓你只得說不。你其實很想幫忙，但無奈有其他事情讓你心有餘而力不足。

事實上，在遇到對方對這個外在限制握有控制權的時候，把話說清楚能讓雙方都受益。讓對方知道是什麼東西在阻礙你幫忙，你就是在給對方一個機會選擇，讓他們決定魚和熊掌究竟哪個重要，因為你就是無法兩者兼顧。他們可以另外找人幫忙，也可以跟你一起排除這個障礙。

把「應該如何」改成「可以如何」

要有創意談何容易。雖然在一項研究中有六成的執行長說創意是對領導人而言最重要的特質，但有七成五的人自認他們沒有發揮出自身的創意潛能。

創意在某個關鍵方面特別重要，就是解決問題。

想像你的寵物診斷出一種罕見的癌症。你四處求醫，結果似乎只有一種藥可以救你的毛孩一命。好消息是製造這種藥的廠商離你的住處不遠，壞消息是藥價奇貴無比。

你考慮要為此去辦個貸款，也許多申請幾張信用卡，或甚至跟親友周轉一下，但算一算最終你還是只能籌到一半的醫藥費。情急之下你產生了闖入藥廠偷取藥物的念頭。

所謂的道德兩難，就像是要不要為了寵物的性命而去偷藥，通常可以定義為對錯之間的倫理掙扎。類似的狀況還有在無人會發現的狀況下，你應不應該作弊來得到好名次，或是在不會被抓包的前提下，你該不該為了省錢而說謊。

在後面這兩種處境中，正確答案可說顯而易見。不管會不會被人拆穿，作弊就是不好的。同理，就算你可以神不知鬼不覺，說謊就是錯的。當然，個人利益和其他因素之間會存在衝突，但怎麼做才是「正道」應該沒有太多爭議。

但在某些狀況下，所謂的「正解」可能就沒那麼一目了然，甚至根本不存在。就以眼見心愛寵物受到癌症折磨的主人而言，那當中沒有兩全其美的選項。偷竊顯然是無從辯解的錯事，但眼睜睜任由可憐的毛孩受病魔的摧殘，好像也稱不上對的事。

這樣的處境常被稱為「兩種正確的對決」，因為其牽涉到兩種道德動機之間的取捨。我們陷入了一種必須在兩種相互衝突的原則（尊重私人財產 vs. 對親如家人的寵物不離不棄）中選擇一種犧牲的困境。選了一邊，就等於放棄了另外一邊，所以這當中不存在雙贏，反而更像是雙輸的局面。

在思索這類困境時，我們經常會捫心自問一個經典的問題：我們應該怎麼做？我應該（不惜竊取他人的財物來）救寵物一命，還是該堅持不犯法（而坐視珍貴的動物家人就此喪生）？

我們一天到晚會用應不應該的角度去思考事情。翻開使用手冊，裡面會告訴我們某種產品應該如何使用；參照員工手冊，我們會曉得在辦公室裡應該怎麼行事；企業行為準則會釐清一家公司在種族多元化與環保方面應該採取的政策。

所以不令人意外地，在面對道德兩難與其他種種挑戰時，我們也常本能地開始思考自己應該怎麼做。事實上，當面對各式道德兩難問題，要求人們說出能最確切描述他們當下所思所想的單字或片語，將近三分之二的人都提到了他們「應該怎麼做」云云。

應該一詞的使用如此普遍，但其實這個詞常常會讓我們卡住。用來處理非對即錯、非黑即白的問題，應該一詞確實非常好用。不論是說謊、作弊或偷竊，儘管好像沒什麼大不了，也儘管不會有人發現，用應不應該的角度去思考這些情境都能喚起我們心中的道德羅盤，也都能讓我們想到自己「有義務」怎麼做。這樣的過程能幫助我們選擇正道而行。

然而，在許多其他的處境中，應該一詞就沒那麼好用了。在思考要不要偷竊藥物來救寵物一命時，這種「應不應該」的心態並不能讓我們有所突破，因為這個問題並沒有所謂「正確」的答案。愈是用應不應該去思考事情，我們就會在兩種都不理想的選項取捨中愈陷愈深。這種心態會逼使我們去衡量兩種不同的價值，去兩害相權取其輕。結果是，我們往往會鑽入牛角尖出不來。

但其實，不是沒有更好的辦法。

不論是有道德兩難需要化解，或者是單純需要發揮創意的日常時刻，我們常常在追尋的都是靈光一閃，一個「啊！我知道了」的瞬間。我們期待著在那一瞬間頓悟到解決之道，或至少把問題理清。問題的答案通常需要時間醞釀，但也不代表在深度分析或思慮之後就會浮現。實際上，領悟往往會在我們最沒心理準備的時候像一道閃電似地劈下來。

比方說在創意的世界裡，見解的閃電往往在我們看問題的角度有所改變時出現。

假設你今天要把一支點燃的蠟燭固定在牆上，材料只有一盒火柴跟一盒圖釘。想想看，你會怎麼做？

很多人遇到這個問題，會二話不說把腦筋動到圖釘上。他們會拚了命要用圖釘把蠟燭固定在牆上。但很可惜，那是死路一條。就圖釘那點大小，根本不可能在重力的作用中撐住蠟燭。你會看到有人就是不死心，但不論他們怎麼調整圖釘的配置都是失敗收場。

可是，如果換個角度思考，那盒圖釘就非常管用了。與其七手八腳想用圖釘把蠟燭釘到牆上，不如試試裝圖釘的盒子吧。把盒子清空，再用圖釘把盒子釘到牆上，讓圖釘盒變成牆壁上的燭台。

大功告成。

像這樣的解決之道說難不難，但它需要我們放鬆腦袋，放下定見。與其認定每樣東西都有其固定的功能、固定的用法（圖釘盒就只能用來裝圖釘），不如往後退一步，用更開闊的視角去思考每樣東西的可能性。

為了探索人是如何找到新的領悟和見解，哈佛大學的學者進行了一項實驗。[8]他們設計了一些跟上述寵物生病類似的道德難題，然後觀察人們會如何去解決問題。同時為了觀察人能不能在解決問題時多發揮一些創意，學者讓一組人用稍微有所轉換的心態去接觸問題。相對於用預設模式去思考自己應該怎麼做，學者要這組人去思考他們可以怎麼做。

這一點點簡單的調整，就帶來了巨大的差別。想著自己可以怎麼做的那組人，想出了高明許多的解決方案。那些方案不僅品質高出一籌，創意也乘以三倍。

與其在兩個不完美的選項中硬要選一個出來，而搞得自己動彈不得，思考自己可以怎麼做，會刺激人用不一樣的心態面對問題。讓人退後一步、從一段距離之外觀察，用更寬廣的視角思考目前處境中有哪些目標、哪些選項、哪些結果，並且認清其他可能性的存在。

相對於非黑即白，或非此即彼，「可以怎麼做」的想法會推著人意識到自己不見得只有一條路可走。在救寵物跟偷東西這兩個互不相容的選項之間，或許會柳暗花明，找到第三條更周全的路，比方說主動提出願意替藥廠（或獸醫院）無償工作來換取藥物，或是去 GoFundMe 之類的群眾募資平台請求社會大眾伸出援手。

「可以怎麼做」之所以能帶出更創新的解決之道，是因為這種思路會鼓勵人去進行擴散性思考，去跳脫思維的框架與邊界，去多方考慮不同的做法，去開發新的連結，去避免將就於理所當然的答案。相對於只看到事物的現狀，懷著「可以怎麼做」的心境會讓我們看到事物也可以是什麼模樣，讓我們不囿於想當然耳的道理，去多方探究同樣一件事還會有哪些別的做法。

像有鉛筆痕跡需要擦去時，思考著有哪些東西可以派上用場的人，更可能為平凡無奇的物品開發出巧妙的用法。[9]有鉛筆字跡需要擦，但手邊又沒有橡皮擦的時候，這人會想到橡皮筋也是橡皮，應該有類似的效果。同樣地，在需要口罩來避免吸入有毒粉塵時，懂得思考有什麼東西可以湊合的人會更容易想到襪子也可以遮住口鼻，但又不妨礙呼吸。

被難題卡住了嗎？想要發揮創意或激發別人的創意嗎？那就試著培養一種可以的心態。不要想著你應該做什麼，而思考你可以做點什麼。這種心態與思考模式，可以激發我們（或其他人）產生能動性，去考慮新的路徑，並讓擋路的路障變成新方向的路標。

同樣道理也適用於我們向人請益的狀況。在請人提供建議時，我們往往會用千篇一律的方式問：你覺得我應該怎麼做？

這種問法不能說是錯的，但我們常常有更好的選項。不如試著問問看：你覺得我可以怎麼做？這種問法會刺激對方擴大思考的範圍，進而為我們提供更理想、更不落俗套的指引。

自我對話

至此，我們已重點介紹了幾種可以用語言啟動身分認同與能動性的做法，包括我們可以如何運用人對特定語言標籤的好惡，說服他們做或不做某件事；如何用語言來賦予自己主導權，進而能對誘惑說不；以及如何利用語言把重點放在我們可以做哪些事、展現更多的創意，而非固著於種種外在限制。

另外在某些時候，用語言讓我們與某種事物保持距離是一種更好的策略。

明天在公司有場重要簡報，今晚的你一整個睡不著。你覺得你已經把資料背得滾瓜爛熟了，但實在有太多事情取決於你明天的表現了，所以你想要盡量確保萬無一失。你已經把投影片反覆檢查過至少六次了，這裡加了個要點，那裡調整了一下語句，但焦慮的感覺始終都降不下來。

遇到這種狀況，我們可以如何降低焦慮、拿出自己的最佳表現呢？

要進行一場事關重大的簡報、第一次把心儀的對象約出來，抑或是有很棘手的對話要進行，這類情況會讓我們的緊張心情暴走。我們會擔心出包，會怕說錯話，會怕自己表現失常。而這種擔心只會有反效果。我們反覆咀嚼各種可能出錯的環節，滿腦子都是負面的可能性，最終反而影響了我們正式上場時的表現。

所幸有其他人可以拉我們一把。朋友、伴侶、好同事會察覺到我們的不安，設法幫忙我們冷靜下來。他們會說「你可以的」或「別擔心，你說話總是很有說服力，而且該做的準備你都做了」。他們會要我們往好處想，要我們知道事情沒那麼嚴重，或是要我們別忘了上次自己表現得有多好。他們會要我們保持正面的心態，要我們專注於眼前的事。

有個問題是：這件事我們為什麼不能自己來就好。畢竟如果別人鼓勵我們有用，我們為什麼就不能自己鼓勵自己？

一個可能性是我們的問題就是比別人的艱鉅。我們要做的簡報、我們的第一次約會、我們的那些棘手對話，就是比別人的要更輸不得、更讓人神經緊繃、更難以啟齒。

這當然有可能。但除非我們是要到白宮向總統簡報，或是要去參加核武條約談判，否則我們的難關應該還是跟大家差不多而已啦。

問題的癥結，恐怕要比難關大小來得更微妙一些。因為就算是一模一樣的事情，發生在自己身上的感覺就是不一樣。

看到別人在焦慮或緊張，我們都能給他們一堆有用的建議。要退一步看清全局、分析事情要理性。我們會要他們更客觀地去看待一切。

這場簡報值得你焦慮成這樣嗎？多半不需要。這簡報有可能釀成世界末日嗎？你想太多了。綜觀整個世界，你的一場簡報真的不值得誰大驚小怪。

但當我們自己成了當事人時，往往就做不到這麼雲淡風輕了。一旦陷入當局者迷，我們就理性客觀不起來了。我們的感性會開始翻湧，我們會變成情緒的動物。我們的注意力會變狹窄，開始反芻起負面的想法，而且怎樣也無法掙脫。

為了研究有什麼辦法可以讓人冷靜下來，密西根大學的研究者將受試者置於有壓力的處境中。[10]他們收到的指示是要去想著他們的夢幻工作，也就是在他們一直想進的那家公司裡，那個他們夢寐以求的職務。

接著他們必須發表一場演講，論述他們為什麼有資格獲得那份工作。受試者必須站在一群評審面前說明為何在數百名、數千名應徵者裡，他們才是那份工作的真命天子。

不用擔心這樣的挑戰性不夠，因為他們還只有五分鐘可以準備。

聽起來壓力很大？當然大。人們的心跳加快，血壓升高，壓力賀爾蒙皮質醇的濃度也往上跳。在眾目睽睽下向一群正在對你打分數的人演說，是科學家用來誘發壓力的殺手鐧。

研究者把人置於這種處境中，是為了觀察一件他們很有興趣的事情：所謂的「自我對話」具有多大的影響力。我們使用語言來跟他人溝通，但我們也會使用語言跟自己說話。我們會在陷入苦戰時叫自己再努力一下；我們會在每次看到鏡中自己的白頭髮又冒出來的時候，自怨自艾一番。

自我對話是人一種自然發生的內在對話。這股內在的聲音會結合有意識的思想與無意識的信念和偏見。那些字句可以很開朗並為你加油（再努力一下！），也可以負面而自我打擊（哪來那麼多白頭髮？你真的老了！）。

科學家想知道改變人自我對話的方式能否有助於他們更妥善地管理壓力，因此給了他們五分鐘去準備演講，並分別提供了二種不同的建議，告訴他們如何使用語言來處理焦慮。

人在自我對話時常採取第一人稱。在嘗試理解自己的感受，或試著釐清自己為什麼感到焦慮時，我們會自問這樣的問題：「我為什麼這麼煩？」或「是什麼讓我產生這種感覺？」我們會搬出第一人稱來指涉自己。

其中一組受試者被告知要維持標準的做法。他們被要求用第一人稱代名詞去嘗試理解自己的感受，並自問以下這類問題：「我為什麼會有這種感覺？」或「我有這種感覺的背後成因跟理由是什麼？」

另外一組人則採用一種視角稍有不同的語言。不是站在自身的制高點去嘗試理解自身的焦慮，他們被要求採取一種局外人的視角。相對於用我來指涉自己，他們被鼓勵站在旁人的立場來跟自己對話，用「你」、自己的名字，或是「他」來指涉自己。

如果受試者名叫珍，那她就要問自己「為什麼珍會有這種感受？為什麼她會對這場演講如此焦慮？珍有這種感受的成因跟理由為何？」

受試者閱讀完指示後，花少許時間思考一下自己的感受，然後前往另外一個房間發表演講。評審會從各種面向去為演講打分數。

出爐的結果讓人十分驚奇。兩組講者有著相同的困境體驗。他們被置入了同樣艱困的處境（要公開演講），都得在有限的時間內準備，在上台前都有五分鐘可以思考自己的感受。惟一的差別只在於他們是用第一人稱或第二／三人稱跟自己對話，也就是問自己「你為什麼這麼煩？」或「我為什麼這麼煩？」的差別而已。

但使用不同的字眼，對他們的表現產生了巨大的影響。相較於用「我如何如何」

進行的一般自我對話，用局外人的角度（也就是用名字或「你」來稱呼自己）來進行自我對話有助於提升演講的表現。第二組人發言時更有自信、更不緊張，整體的表現明顯勝出。

這種語言上的調整會幫助人們與困難的處境拉開距離，更能旁觀者清地看事情。採用正規方式以「我」來自稱的受試者，會說出像：「我的天啊，這我要怎麼做得到？我不可能在五分鐘內憑空準備好一場演講。我平常都要花好幾天準備！」

但使用名字或「你」、「他」來自稱，會鼓勵人們化身為局外人，用更正向的態度看待事情。與其抱怨或讓自己壓力更大，這種旁觀者態度會讓他們設法去支持自己、給自己一些好建議：「珍，妳可以的。說起演講妳可是身經百戰了耶。」

局外人的用語會有助於講者更客觀地看待事情，讓處境誘發的焦慮感降低。他們感覺到的負面情緒較少，會用更正向的角度去評估局面。事情變得更像是一個他們應付得來、可以挺身去放手一搏的挑戰，而不是一種令人猝不及防，只覺得暈頭轉向的威脅。

而在其他領域也發現了同樣的效應。不論是選擇要吃什麼，還是在思考健康是否亮起紅燈，脫離第一人稱的語言都能讓人與問題拉出距離，進而激發更好的結果。[11]人們會選擇更健康的飲食，看事情也會注重客觀事實。語言的改變能鼓勵人去用局外人的視角來思考自己的事情，並因此受益。

同樣的原則可以應用在各式各樣的處境中。實行正向的自我對話，可以讓運動員有更好的表現。[12]專業運動員往往會進行成功的意象練習，會進行多種情境的沙盤推演，甚至會在訓練過程中反覆誦唸某句「真言」。

舉例來說，在比賽前嘗試為自己鼓舞士氣時，運動員會告訴自己：「你可以的！」假如說「我可以的！」會聽來有點刻意，但採用局外人的口氣就能感覺更加自然，也更容易說服自己。

掌握「你」的使用時機

整體而言，自我對話的研究點出了像你這樣的代名詞可以在什麼時候發揮作用，又會在什麼時候產生反效果。

幾年前，一家跨國科技公司請我分析其社群媒體貼文，他們想知道哪些做法是有用的、哪些做法是沒用的。對數以千計的貼文進行文本分析後，我們發現使用「你」會增加讀者的參與感。使用「你」、「你的」或「你自己」等各種第二人稱代名詞的貼文得到了更多讚與更多評論。

於是該公司開始調整其社群媒體策略。他們增加了第二人稱代名詞在貼文中的用量，也順利在網友參與度的提升上有所斬獲。

此外，這間公司也請我針對他們的顧客支援文章進行類似的文本分析。包括公司網站上向顧客說明新筆電如何設定、裝置出現問題如何排除，以及詢問讀者是否覺得這些說明文章有幫助的網頁。

但較之社群媒體上的貼文，顧客支援網頁中的「你」等字眼產生了相反的效果。「你」字放在社群媒體上可以增加網友的參與率，但放在顧客支援網頁上卻讓讀者覺得文章幫助到他們的程度降低了。

好奇心被挑起的我們，開始探討這其中的差別。

社群媒體貼文在很多方面都不同於顧客支援網頁。前者比較短、較少談及細節，也比較會被非用戶的路人看見。

但要真正理解「你」何以會有不同的表現，我們知道我們必須搞清楚「你」跟各種第二人稱代名詞，在這兩種不同的語境中各自發揮著什麼樣的作用。

在社群媒體上，使用者會被迎面而來的內容淹沒，想讓他們多看一眼絕非易事。圖片會有幫助，但用對字眼的效果也不差。在社群媒體的環境中，「你」這樣的字眼可以發揮「停車標誌」的作用，將這篇貼文標記為值得停下來一看的東西。

光看到一篇貼文的標題是「省錢五妙招」，你無法確定內容是不是跟你有關係。但如果加上一個你字，讓標題變成「你可以用來省錢的五妙招」，你就會突然覺得這篇文在向你招手。你會覺得這不是罐頭資訊，那當中肯定有你會覺得受用的情報。即使改變的只有標題，內容本身始終如一。

「你」字可以招攬注意力，可以增加相關性，讓讀者覺得有人在直接向他們搭話。[13]

但換到顧客支援網頁上，吸引注意力就變得不必要了，畢竟人已經特地找上門來了。人家就是有所疑問，或產品使用上遇到問題才會來訪。他們原本就已經在密切注意網頁中的內容。

再者，雖然「你」字的使用可以暗示資訊與讀者切身相關，但這個字也可能傳達出究責跟歸咎的意味。比起「如果印表機無法正常運作」，說「如果你無法讓印表機正常運作」就像在暗示印表機不能用是用戶的錯；彷彿問題不在於印表機，而在於用戶搞不清楚狀況。[14]

同樣地，比起較為被動的語氣（「空間可以透過……的方法來釋出」），主動的語氣（「你可以透過……的方法來釋出空間」）意謂著用戶需要自己動手。「你」字出現的次數愈多，等於用戶需要負擔的勞動就愈多。

這麼一來，不令人意外地，雖說「你」字有助於在社群媒體上吸引注意力，但它放在顧客支援網頁上就成了扣分的項目，因為那暗示著東西不能用是用戶的錯。

正如我們本章經常提及的，在普遍情況下，文字可以決定誰是掌控者：事情是誰說了算，是誰在駕駛座上握著方向盤，誰該為了不論是好是壞的結果負責。

「你餵過狗狗了嗎？」或「你有確認過文件何時截止嗎？」這類問題會讓聽者感

覺遭到控訴。言者可能無心，但聽者可能有意。言者可能只是單純在索取資訊，卻很容易被解釋成負面的。誰說這應該是我的責任？為什麼你會覺得我沒做？

巧妙地更動一下措辭（「狗狗吃過晚飯了嗎？」），引發反彈的風險就會大幅下降。只要對事不對人，就可以完全去除指責的意味。讓對方知道，我並不是說這是你的工作，我只想要知道事情做了沒有，要是沒有我可以去做。

同理也適用於「我想找你聊聊，但你在忙」。這話可能只是陳述事實。我們確實想要聊聊，而對方也確實騰不出空來。但問題是你這麼說話，對方就會覺得你在怪罪他。彷彿他們不應該那麼忙，雙方無法談話是他們不好。

拿掉「你」字，將句子變成「我想聊聊，但現在時間好像不太方便喔」，就可以避免指責的意味。如此一來就沒有誰有什麼錯，口氣也會從指責變成關心。避免使用彷彿在指控的「你」，我們就不會在無意間流露出責怪的語氣。

第一人稱的「我」字也有類似的問題。我朋友的三歲小孩在咬了食物一口之後，抱怨了一句：「晚餐不好吃。」

小男孩的雙親當然失望，畢竟他們可是花了好幾個小時去計畫、買菜、下廚，才做出了這麼一桌菜。他們希望寶貝兒子可以覺得好吃。但事已至此，至少可以給孩子一個重要的機會教育。他們點出了「一樣東西不好」跟「一樣東西有人不喜歡」之間的差別。他們要兒子知道一樣東西有人不喜歡，並不代表這東西就不好。

拿掉第一人稱代名詞，原本的個人意見就會變成像是事實的陳述。「這樣不對」跟「晚餐不好吃」意謂著這件事物不好，是客觀的事實。但只要加上一個我字，事情就清楚了，所謂的不對跟不好吃都是主觀意見而非客觀事實。

「我覺得這不太對勁」代表這句話就是言者的個人意見，至於別人怎麼想是他們的自由——他們可以同意，也可以不同意。

人稱代名詞等於簽上自己大名。所以我們該或不該使用它的判斷標準就是：我們希望為說出口的話負責到什麼程度。

如果是要發表一項計畫的成果，講者可以說「我從研究中發現……」或「研究的結果顯示……」，前者清楚地點出了研究是誰做的。代表了作為嘔心瀝血的研究者，講者希望他的努力能被看見。

但「我從研究中發現……」這話也同時會讓研究成果變得較為主觀。沒錯，你得到了一些發現，但是否有人也曾得出同樣結果？或這些發現是來自於你在計畫執行中做出的一些判斷？總而言之，要不要使用人稱代名詞，取決於我們希望如何歸功或歸咎一件事，以及我們希望自己傳達的訊息能予人一種主觀或客觀的觀感。

用文字施魔法

文字不光能傳遞資訊。它們還能告訴我們當家作主的是誰、該為錯誤負責的是誰，還有採取某項行動的含意。由此，只要能掌握和身分認同相關的語言，我們就能激勵自己跟他人採取期望中的行動。能達到這些效果的文字魔法如下：

① **把行動變成身分**。你要請人幫忙，或是要說服人做某件事嗎？那就把動詞（你可以幫我一個忙嗎？）變成名詞（你可以當我的小幫手嗎？），把動作框定成一種能取得誘人頭銜的機會，對方就會有動機配合你行動。

② **把不能改成不要**。達成不了目標或抗拒不了誘惑嗎？別再說「我不能」，試著改說「我不（要）」（我現在不吃甜食了）。這麼做可以讓我們感覺充滿自主的力量，更有機會達成目標。

③ **把應該變成可以**。想要變得更有創意，或能針對難題想出更有創意的解決方案嗎？與其問應該怎麼做，不如改問可以怎麼做。這種措辭可以激發出擴散性思維，讓我們跳脫出窠臼。

④ **嘗試跟自己對話**。有個重要簡報發表讓你很緊張嗎？還是重要面試前想幫自己做好心理建設？你可以試著以第二或第三人稱跟自己對話（你可以的！），這能讓你與情境拉出距離，讓你的焦慮降低，表現得更好。

⑤ **善用不同的人稱**。根據你是想要爭取注意力，還是想避免跟另一半吵架，你可以審慎思考自己要如何使用「我」與「你」等人稱代名詞。這些代名詞可以吸引人的注意力，可以標註某段話代表你的立場。但你也要小心，因為這些人稱代名詞也同時在暗示誰該負起責任、錯是誰造成的。

透過對身分認同的語言有所掌握，並在適當的時機用出來，我們就可以讓咒語成為我們的盟友。

除了能驅動認同感與能動性的語言之外，還有另外一種咒語值得我們關注：能傳達出自信的話語。

---

1 Christopher J. Bryan, Allison Master, and Gregory M. Walton, "'Helping' Versus 'Being a Helper': Invoking the Self to Increase Helping in Young Children," *Child Development* 85, no. 5 (2014): 1836–42, https://doi.org/10.1111/cdev.12244.

2 Susan A. Gelman and Gail D. Heyman, "Carrot-Eaters and Creature-Believers: The Effects of Lexicalization on Children's Inferences About Social Categories," *Psychological Science* 10, no. 6 (1999): 489–93, https://doi.org/10.1111/1467-9280.00194.

3 Gregory M. Walton and Mahzarin R. Banaji, "Being What You Say: The Effect of Essentialist Linguistic Labels on Preferences," *Social Cognition* 22, no. 2 (2004): 193–213, https://doi.org/10.1521/soco.22.2.193.35463.

4 Christopher J. Bryan et al., "Motivating Voter Turnout by Invoking the Self," *Proceedings of the National Academy of Sciences of the United States of America* 108, no. 31 (2011): 12653–56, https://doi.org/10.1073/pnas.1103343108.

5 一如所有有用的做法，總有些狀況下你這麼做會倒打自己一耙。比方說，與其跟小孩說某種與科學有關的遊戲牽涉到「研究科學」，跟他們說這遊戲牽涉到「當個科學家」會反而降低女孩子對遊戲的興趣。研究作者們推測認為「一旦孩子們有理由質疑自己是不是那種可以成為科學家的人（比方說在理科上遇到挫敗，或發展出對科學家的刻板印象後），身分語言就會導致有問題的後果，理由是兒童一旦停止認為科學是自己身分中穩定的組成成分，那他們就會跳出這樣的語境」。詳見 Marjorie Rhodes et al., "Subtle Linguistic Cues Increase Girls' Engagement in Science," *Psychological Science* 30, no. 3 (2019): 455–66, https://doi.org/10.1177/0956797618823670.

6 Christopher J. Bryan, Gabrielle S. Adams, and Benoit Monin, "When Cheating Would Make You a Cheater: Implicating the Self Prevents Unethical Behavior," *Journal of Experimental Psychology: General* 142, no. 4 (2013): 1001, https://doi.org/10.1037/a0030655.

7 Vanessa M. Patrick, and Henrik Hagtvedt, " 'I don't' Versus 'I can't': When Empowered Refusal Motivates Goal-Directed Behavior," *Journal of Consumer Research* 39, no. 2 (2012): 371–81, https://doi.org/10.1086/663212. Also see Vanessa Patrick's amazing book *The Power of Saying No: The New Science of How to Say No that Puts You in Charge of Your Life.* Sourcebooks.

8 Ting Zhang, Francesca Gino, and Joshua D. Margolis, "Does 'Could' Lead to Good? On the Road to Moral Insight," *Academy of Management Journal* 61, no. 3 (2018): 857–95, https://doi.org/10.5465/amj.2014.0839.

9 Ellen J. Langer and Alison I. Piper, "The Prevention of Mindlessness," *Journal of Personality and Social Psychology* 53, no. 2 (1857): 280, https://doi.org/10.1037/0022-3514.53.2.280.

10 Ethan Kross has done some great work in this space; see his book *Chatter: The Voice in Our Head, Why it Matters, and How to Harness It* (New York: Crown, 2021).

11 Ethan Kross et al., "Third-Person Self-Talk Reduces Ebola Worry and Risk Perception by Enhancing Rational Thinking," *Applied Psychology: Health and Well-Being* 9, no. 3 (2017): 387–409, https://doi.org/10.1111/aphw.12103; Celina R. Furman, Ethan Kross, and Ashley N. Gearhardt, "Distanced Self-Talk Enhances Goal Pursuit to Eat Healthier," *Clinical Psychological Science* 8, no. 2 (2020): 366–73, https://doi.org/10.1177/2167702619896366.

12 Antonis Hatzigeorgiadis et al., "Self-Talk and Sports Performance: A Meta-analysis," *Perspectives on Psychological*

Science 6, no. 4 (2011): 348–56, https://doi.org/10.1177/1745691611413136.

13 Ryan E. Cruz, James M. Leonhardt, and Todd Pezzuti, "Second Person Pronouns Enhance Consumer Involvement and Brand Attitude," *Journal of Interactive Marketing* 39 (2017): 104–16, https://10.1016/j.intmar.2017.05.001.

14 Grant Packard, Sarah G. Moore, and Brent McFerran, "(I'm) Happy to Help (You): The Impact of Personal Pronoun Use in Customer-Firm Interactions," *Journal of Marketing Research* 55, no. 5 (2018): 541–55, https://doi.org/10.1509/jmr.16.0118.

第二章

傳達自信

說起雄辯滔滔的演說家，美國前總統川普不會是一般人的首選。古羅馬的政治家西塞羅才是。西塞羅常被譽為史上的大演說家。他主張公開演說是智識活動中最高層次的一種，並認為一名好的講者應該要在睿智與辯才無礙的發言之中，展現出自我克制與莊重的風範。林肯與邱吉爾等人，也同樣因為其清晰與邏輯縝密的論述、堅不可摧的思想、言之成理的觀點而聞名於世。

川普則完全不符合上述典型。他說出的句子常常在文法上顯得很彆扭，經常重複，而且充斥過度簡化的用字。君不見他在宣布參選總統時發表的言論：「我（當選後）會蓋一座大牆，沒有人比我更會蓋牆，我說真的，而且我蓋牆絕對不貴，」他說。「我們的國家有很大的麻煩，」他接著說。「我們不再擁有勝利了。我們以前有過很多勝利，但我們現在已經沒有了。上一次有人看到我們打敗誰，比方說在貿易協議中打敗中國，是什麼時候的事了？我每一天都在打敗中國。每一天。」

想也知道，這場演講讓他被一堆人嘲笑。人們嚴厲批評他把事情過度簡化。《時代》雜誌說他的演講內容「空洞」，還有更多人對其嗤之以鼻，說他只不過是在虛張聲勢。

不到一年之後，川普當選了美國總統。

川普的演講風格跟大多數人認知中的滔滔雄辯根本沾不上邊。他的說話風格漫無邊際、雜亂無章，裡面塞進了各種牛頭不對馬嘴的想法，一會兒東，一會兒西，一點也不流暢。

但你喜歡他也好，厭惡他也罷，川普都是一個很厲害的推銷員。他有著強大的說服力，而且十分擅長運用他驚人的影響力來驅策他的聽眾採取行動。

所以，他是怎麼做到的？

要想理解川普的演說風格何以如此有效，我們要從另外一個地方說起。而這個地方，就是北卡羅萊納州德罕郡的一座小法庭。

帶著力量說話

就算你沒有真的上過法庭，也應該看過電視劇裡面的。兩方的律師各以一張大木桌為據點進行攻防，證人宣誓會知無不言，而且絕無虛言。此外，有名法官會身穿樸素的黑袍，坐在高人一等的席位上，莊嚴地主持著整個程序。

法庭是個語言攸關一切的地方。時間無法倒流，所以發生了什麼事情就只能透過語言傳達。語言會描出一幅草圖，標示出誰在什麼地方做了什麼事情，包括嫌犯或重要關係人在特定時點身在何處。語言會決定誰有罪，誰無辜。誰將坐困牢籠，誰能海闊天空。誰該承擔責任，誰清清白白。

在一九八〇年代初期，人類學者威廉．歐巴爾（William O'Barr）想知道言詞的呈現方式會不會影響到法律上的結果。[1]也就是除了發言的內容以外，發言的風格是否也具有同等的影響力。

普遍的假設是真金不怕火煉，言談的內容才是一切的關鍵。確實，證人的證詞與律師的論辯會推動陪審團的決定，但一般認為那只是因為那些言詞呈現出的是事實，畢竟司法體系理應客觀、理應是真相的公正仲裁者。

但歐巴爾心想這樣的假設會不會只是人的一廂情願。他想知道語言風格上的微調會不會影響人獲得的觀感，導致判決有所不同。比方說，目擊者遣詞用字上的細微差別是否會影響證詞在陪審團心目中的印象，進而導致有罪或無罪的拍板。

於是在某個夏天，他與他的團隊花了共十個禮拜的時間觀察並記錄了一場場的審判。包含輕罪、重罪與各式各樣的案件，他們一共旁聽了逾一百五十個小時的法庭言談。

然後他們聽取那些錄音，將所有發言製成了逐字稿。

當歐巴爾分析資料的時候，一個不尋常之處浮現了出來。法官、律師與專家證人的說話方式，都與一般證人跟被告等普通人不同。當然啦，前三種人滿口源自拉丁文的法律術語如「人身保護令」（habeas corpus）或「與有過失」（in pari delicto）是可以預期的，但兩者的差別還不止於此，他們更本質上的差別是說話方式的不同。

法官、律師與專家說話相對沒那麼正式（「請」、「是的，先生」之類的詞句不會被他們掛在嘴上），且較少使用填補空白的贅詞（「嗯」、「呃」、「欸」），也較少欲言又止（「我是說」、「你知道的」）。他們比較不會在陳述事情的時候模稜兩可或弱化程度（「也許是」或「可以算是」），也較不會把直述句變成疑問句（「事情的經過就是這樣，對吧？」或「他人在房間裡，是吧？」）。

會有這種現象，一部分單純是環境使然。畢竟被告在受審，所以他們會想盡量禮數周到點，看能不能藉此被從輕發落。反之，法官、律師與專家證人的法庭經驗豐富得多，表現當然會比較自然。

惟排除掉角色不同與經驗多寡可以解釋的部分，歐巴爾想知道的是有沒有更根本的東西在發揮作用。會不會，其所使用的語言除了單純反映說話者身分的差異，也進一步影響了旁人的觀感跟最終的判斷。

所以在若干同事的協助下，歐巴爾的團隊進行了一項實驗。[2]他們選定了某個案子，跟某一名特定的證人，然後請來演員錄製了兩個稍有不同的證言版本。

事實面的東西都維持不變，但用來表達這些事實的語言則有所差異。在其中一個版本中，證人說話方式就像個專業人士（法官、律師、專家），而在另外一個版本中，證人講話就跟普通人差不多。

比方說當律師問起：「救護車到達前，你大概在那裡待了多久？」專家口吻的證人會回答：「二十分鐘，足夠讓我去協助戴維斯太太做一些基本的處理。」普通人口吻的證人則會回答：「喔，感覺好像有，嗯，二十分鐘吧。差不多夠我幫忙我朋友戴維斯太太，你知道，做一些基本的處理。」

同樣地，當律師問起：「這一帶你熟悉嗎？」專家口吻的證人會扼要地回答：「是。」而素人口吻的證人會有所保留地說：「嗯，應該算熟吧。」

接著為了測試這樣的口氣差異有沒有影響，學者讓許多不同的人聽取兩種錄音然後做出判決，就像他們是陪審團成員一樣。聽者要提供他們對於證人的看法，然後表態他們覺得被告應不應該賠償原告，乃至於應該賠償多少金額。

一如歐巴爾所預測，措辭的細微差異改變了旁人對證人的觀感。話說得專業會讓證人顯得更為可信。聽者會因此覺得這位證人更值得信賴、更盡責能幹、更具說服力，也更傾向於相信證人的說法為真。

而這些改變也形塑了聽者對於證詞的反應。即便事實不變，光是證人的專業口氣，就可以讓聽者覺得原告值得多拿到數千美元的賠償。

就這樣，歐巴爾為我們揭示了帶著力量說話所能產生的影響。

從那之後，科學家在這些年間已經提煉出所謂「強大」的語言當中的精確成分。

而究其核心，強大語言的主要概念始終如一。語言中的氣勢可以讓人展露自信，而那種自信會讓人覺得你更加篤定、有底氣，知道自己在講什麼。聽眾會更樂於聆聽你說的話，也更可能被你說動而改變想法。[3]

川普講話就很有氣勢。領導力大師講話也很有氣勢。再者就是新創公司的創辦人也都很有氣勢，至少那些個人魅力型的創辦人是有的。他們會勾勒出一幅願景，一個世界觀，一種視角，或是一種意識形態，而且其說服力會讓你很難不點頭稱是。他們對自己口中所言是如此地充滿自信，令人很難想像事實還有別的可能。

但帶著氣勢或自信說話不是與生俱來的專利，而是一種你可以學會的能力。說話要有自信不外乎以下四個辦法：（一）丟掉規避語；（二）不要猶豫；（三）把過去變成現在；（四）適時表達懷疑。

丟掉規避語

二〇〇四年，學者進行了一個財務顧問選擇的實驗。[4]受試者被告知要想像自己繼承了一筆錢，正打算找一名理財專員來協助投資。有朋友推薦理專A，也有朋友推薦理專B，所以他們決定讓兩邊比一比，誰贏就用誰。比試的規則是由雙方預測某些個股在三個月後的上漲機率，屆時受試者要比對兩人的預測和股票實際表現，並選擇一人雇用。

比方說，可能理專A說某家公司的股票有百分之七十六的機率會上漲，最後該支股票果然上漲。理專B則說另外一家公司的股票有百分之九十三的機率會上漲，結果該標的也真的上漲。

在閱讀完兩位理專分別為幾十檔股票進行的預測，並比對過三個月後的實際股票漲跌後，受試者被問起他們青睞的是理專A還是理專B。

就預測的準確性而言，兩名理專的表現不分軒輊。雙方預測正確的比例都是百分之五十。

但受試者可能沒察覺到，這兩名理專有一點很重要的區別。雖然兩人的預測一樣準，但其中一人所做的預測要極端許多。例如，相對於溫和派的理專預測某支個股上漲的機率是七成六，極端派的理專則認為高達九成三。溫和派理專認為某支股票有一成八的機會下跌，極端派理專則認為下跌機率只有區區百分之三。

很多人可能會以為溫和派比較討喜，畢竟他們斟酌得比較仔細。考量到股票市場裡充斥著各種不確定性，他們較為溫和的預測應該更加合理。

但實際狀況卻沒有照這個劇本演出。

事實上，在選擇理專時，將近四分之三的受試者挑選了極端派。他們傾向於讓展現出更多自信（看似更有把握）的人來提供指引，儘管那種自信超乎了一名財務顧問正常具有的市場趨勢預判能力。

而事情之所以會如此，就跟強勢語言具有力量的理由一樣。今天不論是要挑選財務顧問、聽取證人的證詞，還是要選出心目中的總統，聽者都會因為溝通者在表達時流露出的篤定與自信而被說服。

這是因為當人說話篤定時，我們會更傾向覺得他們是對的。哪位候選人可以做得最好？這實在很難說得準。但一旦有人把話說得斬釘截鐵，我們就會不知道從何質疑起。畢竟，他們看起來是如此有信心。

理財專員的信心是透過股票漲跌的百分比傳達出來。他們的看法或許一致（股價會上漲），但他們表達這個看法的篤定程度並不相同。較之說某件事情有百分之七十六的機會發生，說它有百分之九十三的機會發生讓人感覺可能性更高。發言者給人的印象就顯得更有把握。

文字，也可以發揮跟百分比一樣的作用。打個比方，如果有人說今天肯定會下雨，所表達的意思是今天有滿高的機會下雨。就算沒有百分之百，機率至少也有個百分之九十五起跳。如果有人說今天非常有可能下雨，那我們就會把降雨機率往下調一點，百分百就不用想了，百分之九十五的感覺更接近。

「多半」或「可能」等用語所表示的機率又更低些（百分之七十左右），「一半一半」代表五成左右的機率，而「機會不大」則代表發生的可能性連五成都不到。如果有人說某天幾乎不可能下雨，那你就可以把降雨機率理解為趨近於零。

所以說，這類文字不僅可以傳達預測的內容，還能形塑人的行動。譬如有人說今天肯定會下雨，你大概就會帶傘出門；同樣地，如果某人說今天明顯會下雨或絕對會下雨，你也會有相同的反應。

如果某人說今天或許會下雨、有可能會下雨，或是應該不會下雨，那我們就比較不會未雨綢繆。我們會從聽到的話語中推導出自己被淋成落湯雞的機率不高，於是把傘留在家裡。

就像財務顧問研究所顯示的，這類文字同樣可以形塑溝通內容，表達出不同程度的篤定和自信。如果有人用出了「肯定」、「顯然」或「絕對」等字眼，那就代表他說話時帶有高度的信心。他們相當確信未來會發生什麼事情。雨是下定了，不用懷疑。

但如果他們用出的字眼是「或許」或「有可能」，透露出的就會是一種不確定。他們覺得下雨是種可能性，但他們無法斷定。

「或許」、「可能」這類的字眼，是一種用來買保險的東西，語言學上稱為「規避語」。人使用規避語來表達模稜兩可、謹慎跟猶疑不定。作用類似的有「我猜」、「我推測」與「我想」等表示假設的動詞。

規避語所能表達的並不僅限於可能性。人可以用規避語表達對某種數量的不確定（我拿到這樣東西已經三個月左右了），表達對別人所說內容的不確定（根據他所

規避語的例子		
或許（May/might）	依我看（In my opinion）	可以說（Kind of）
有可能（Could）	我認為（I think）	有點（Sort of）
似乎（Seems/Seemed）	在我看來（It seems to me）	大約（Around）
多半（Probably）	我認為（I believe）	大概（About）
也許（Maybe）	我猜（I guess）	一般來講（Generally）
看來（Appears）	我推估（I suppose）	略有一點（A bit）

說，這東西還挺好用），也可以表達他們對自己的意見是否能通用的不確定（就我個人的看法，這東西不值這個價錢）。當有人說出「大概」、「在某種程度上」、「我認為」、「整體而言」、「可以說」、「也許」、「據推測」、「甚少會」或「通常會」的時候，他們就是在規避，就是用各種不同的手法在表達不確定性。

用規避語去消毒，是我們一天到晚在做的事情。我們會強調我們認為某種做法應該可行，某種解決之道有可能有效，或另外一種切入方式或許會帶來更令人滿意的成果。我們會提議某種做法似乎是個好選擇，會說按我們的角度去看，另外一種方式也值得一試。

但我們沒有意識到的是，規避語也在掏空我們的影響力，因為當我們正在分享自己的想法與建議，卻又一句一個規避語，那就等於在扯自己的後腿。那跟說「我建議歸建議，但你不要當真」，基本上沒什麼兩樣。

事實上，我跟一名同事徵詢了一些人，問他們在多少程度上願意按照別人的建議去做，結果發現規避語的確會降低其他人遵從的意願。不論是在推薦一個產品或一種行事作風，規避語都會讓人更不想買單。

這是因為規避語意謂著說話的人缺乏自信。說某種方案或許有效，說我覺得這是最棒的餐廳，或是說引擎大概得修了，都暗示著說話的人不是真的確定。他們不確定那個方案會不會真的有效，他們不確定那家餐廳是不是最棒的，他們也不確定車子是不是該大修。雖說小心駛得萬年船，謹慎點不見得是壞事，但規避語就是會讓發言者聽起來比較沒自信，同時減損了發言者對他人的影響力。

如果有人不確定某種方法會不會奏效，那我們何苦要當白老鼠呢？如果人家也不確定那家餐廳是最佳選擇，那也許我還是吃別的好了。如果那名師傅不確定是否該修引擎，那我不僅不要亂拆車，我甚至應該要換一個看起來比較懂車的店家問問。

這並不代表規避語一無是處、我們碰都不能碰，但這絕對代表我們在使用的時候要三思而後行，不該隨便脫口而出。

有時候我們使用規避語是刻意為之。我們就是想表達出不確定，想讓人知道我們沒有把握，想表達結果很難說。如果那是我們的目標，那規避語就是我們的好朋友。但往往我們只是把規避語當成口頭禪在用，我們太習慣在不自覺中丟出一個規避語去修飾自己的發言，沒什麼特別原因。而那就會是一種錯誤。

很多人一開口，就不假思索地先說出「我覺得」、「在我看來」或「我感覺像是」。像這樣修飾過的發言在特定情況下確實有其用處，但它們也常會多此一舉地凸顯出我們發言的主觀性。

「她是個好員工」或「我們該這麼做」的說法，本身就已經是我們的個人意見了，畢竟這些話是從我們口中說出來的。所以除非我們想要特別去強調主觀性，否則用「我覺得」或「在我看來」等措詞來開啟句子，惟一的效果就是削弱我們的影響力。這些贅詞會讓我們聽來不是很有自信，好像連我們自己都不覺得別人會認同

確定語的例子		
肯定是（Definitely）	保證是（Guaranteed）	沒有模糊空間（Unambiguous）
很清楚（Clearly）	不容抵賴（Irrefutable）	無庸置疑（Unquestionable）
很顯然（Obviously）	絕對是（Absolutely）	必不可少的（Essential）
無可否認（Undeniable）	所有人（Everyone）	無一例外（Every time）

我們，這麼一來，會願意追隨我們的人就更少了。[5]

想要傳達自信，我們就必須丟掉規避語。[6]

而在規避語留下的空位上，我們要放上的是川普的好朋友，斬釘截鐵的「確定語」。

像是「肯定」、「很明確」、「很顯然」等用語，等於把所有的懷疑一掃而空。事情一目了然，證據無庸置疑，而答案不容抵賴。這件事眾所周知，我可以擔保，而這完全就是我們此時需要的。

確定語不僅排除了不確定性，它們還顯示了事情有著百分之一百一十的明確。發言者展現出了信心，該如何行事也毫無疑義。這會讓聽者更願意去追隨發言者，不管他到底說了什麼。7

不要猶豫

規避語會讓人顯得比較缺乏自信、沒有力量、無濟於事。但比起規避語，帶來更大傷害的其實是另一種語言選擇，那就是猶豫。

琳賽．山繆爾斯（Lindsey Samuels）曾嘗試釐清我們該如何改進簡報的風格。這名四十一歲的業務主管一星期要做超過十場簡報。從現有的老客戶、潛在的新客戶，乃至於對同仁跟管理層的內部簡報。

但她簡報的效果可以說差強人意。偶爾也會有人接受她的忠告，或聽從她的建議，但更多時候他們只會繼續我行我素。就算她說的確實有道理，但大部分人寧可保持現狀。

她想要爭取更多的潛在客源，說服更多的客戶，提升自身的影響力，於是我們做了一場溝通方面的考核，探討她哪些地方做得已經不錯，哪些地方可以再加強。

我首先請她分享一些她的簡報投影片。但看著這些投影片，我很難挑出什麼毛病。投影片的內容很清晰，所使用的語言具體且扼要。她也使用了非常好的類比去拆解複雜的概念。投影片本身看起來是她的優勢。

如果毛病不出在內容，那也許是表現方式出了問題。所以我問她可不可以在我面前試講看看。由於當時正當新冠疫情的高峰，所以我們沒有約碰面，而是利用線上視訊的方式。

而從第一通視訊，我就很明顯看出了有些地方不對勁。她所講的東西本身設計得不錯，但她的呈現方式確有一些什麼在損害效果。只是我一時還說不出問題在哪。

我們的對話有錄下來，所以我倒回去重聽了一遍。我聆聽著她在投影片一張張更換之間進行的發言，卻還是沒辦法明確指出是什麼地方在扣分。

後來，在每個月例行的軟體更新中，視訊會議公司釋出了一些新功能。除了意見調查的功能有提升、在螢幕上繪圖的方式更多元了以外，還新增了將語音自動轉錄為文字的功能。亦即除了影音自動錄製以外，用戶還能在每場會議之後收到包含所有對話內容的逐字稿。

說不定能對客戶有幫助，所以我開始跟客戶分享這些逐字稿。大部分人都覺得瀏覽這些逐字稿比聽取整場錄音要方便多了。但琳賽的驚嚇指數顯然比較高。「我真的會這樣講話嗎？」她問。我跟她說我不確定她是什麼意思，而十分鐘後她跟我分享了某版本的逐字稿。她在上頭圈起了每一處「喔」、「嗯」跟「呃」。可說是一片滿江紅。

這份逐字稿凸顯了她的問題所在。

在後續的幾週當中，琳賽把改進的重點放在從簡報中去除這些猶豫和遲疑。她會事前演練自己要說的東西，先行準備可能被問到的問題，並要求自己在需要重整旗鼓的時候稍微停頓一下。

這樣的努力奏效了。她說出的嗯嗯啊啊變少了，她的訴求變得更有穿透力。過了一個月，她把潛在客源轉換成真正客戶的數量成長了將近三分之一。戒掉了那些填補詞之後，琳賽變成了更有效率的溝通者。

在日常的例行言談中，我們大都很常使用「喔」、「嗯」跟「呃」等詞。我們在整理思緒，試著釐清接下來要說什麼的時候，往往會用這些口語上的反射性抽動來爭取時間。那就像一種精神支柱，我們不自覺地就會往上靠。

偶一為之其實也無所謂。但如果用得太過火，這些填補詞代表的猶豫與遲疑就會削弱我們所說內容的力量。[8]

試想有人在某場重要簡報的一開始就說：「我……嗯……覺得我……喔……要說的東西……呃……真的很重要。」你聽了會對講者跟接下來的演講本身做出何種推斷？你會覺得講者敏銳而胸有成竹，還是會覺得他充滿焦慮且準備不周？你對他的提案會有多少信心？你會照他說的辦法去執行嗎？

我看是不會。實際上，研究發現比起規避語，遲疑對人發言的殺傷力更大。遲疑的表現會讓人流失力量與權威，會讓他們想表達的內容無法有效傳遞出去。[9]

「喔」、「嗯」跟「呃」一旦變多，給人的感覺就是這人不知道自己在講些什麼。而不知道自己在講什麼的人肯定不是什麼專家。

事實上，一個人在台上會不會表現出猶豫，比他是什麼樣的身分還更影響重大。在一項研究中，學生聽取了講者在某堂課上的開場白錄音。[10]研究者想知道的是語言會如何影響印象的形成。某些學生聽的錄音中，講者一開口就遲疑了幾次。這組講者在整段訊息中共計「喔」、「嗯」跟「呃」了五到七次。而另外一組學生則聽到講者完全沒有猶豫。除了有無猶豫以外，兩組聽到的內容並無二致。

惟除了講者的表現以外，該研究還操縱了學生得到的講者描述。有些學生被告知講者具有相對較高的地位（比方說是名教授），而另一組學生則被告知較低的地位（只是個還沒拿到學位的助教）。

在某種觀點登場時，我們往往會認為發言者的地位舉足輕重。比方說在會議中，我們會認為與會者會更願意聽老闆級的人物講話，員工級的發言者則相對不受重視。我們會覺得相同的觀點若由位高權重的人提出來就會更有分量。

而這麼想，某種程度上也沒有錯。地位確實會產生影響。至少有時候啦。當學生覺得他們在聽的內容是來自位高權重的講者時，他們自然而然會認定對方在台上會表現得更活躍，說出的話更擲地有聲。

但其實影響更大的，仍舊是講者說了什麼。猶豫絕對是扣分項。猶豫會讓講者顯得不那麼聰明、不那麼有料、不那麼真才實學。聽者會覺得講者的專業度不足，會看輕講者，覺得他們的頭銜只是虛名罷了。

事實上，一個「地位較低」但說話之中沒有猶豫的講者，比起一個「地位崇高」但一開口吞吞吐吐的講者，前者會在聽眾心目中獲得更高的評價。台上的表現才是真的，台下的身分只是參考。

所以切記，不要猶豫。偶一為之的嗯和呃不是世界末日，那代表我們在思考，或是我們還沒有說完要說的話。

但太常出現的遲疑會影響我們的發言成效。猶豫會給人一種我們在摸著石頭過河，不是很確定方向的印象，而這種欠缺自信的表現會造成聽眾不信任我們，也不信任我們給出的意見。[11]

太多時候我們會用猶豫去填滿口語的空檔。我們還沒想好要說什麼就開口，結果就是得丟出一些嗯和呃來爭取思考的時間。像「嗯」和「呃」這類字詞在語言學裡被叫作「填補詞」（filler），就是這個原因。

先等一下再開口，就可以降低我們對猶豫的需求。三思而後說，可以讓我們有時間去想清楚自己要說什麼，進而給人一種游刃有餘的印象。

話語之間的停頓還有其他的好處。我與同事合作的研究發現停頓會讓講者產生一種正面的光環。停頓不僅能讓聽眾有時間去消化我們說過的東西，還能鼓勵他們用簡短的肯定語（如「沒錯」、「嗯哼」、「確實」）來附和講者，而這也會在整體上提升他們對講者的好感。

所以與其嗯嗯啊啊，你應該要花點時間停頓一下。這會讓我們給予聽者更正面的印象，我們的建議也更可能為他們所接納。

總的來說，關於規避語和猶豫的研究已經把事情都說清楚了。有事關重大的簡報要發表？有重要的業務推銷要進行？切記要替換掉那些猶疑不定的用字措詞和行為舉止，用能夠傳達出自信的語言取而代之。

當有人表示解決之道顯而易見，或說這個成果有目共睹，流露出的是一種信心。讓人覺得他們不光是在分享一種意見，而是在吐露這世界的一部分真實面貌。這麼一來，其他人自然更樂意追隨。

把過去變成現在

減少規避語與猶豫，可以增加我們言談中的自信，但其實還有另一個更巧妙的招數可以做到這一點。

交換意見是人一天到晚都在做的事情。人們會討論他們愛用什麼產品、討厭什麼電影、喜歡去哪裡度假。有人會說某個牌子的吸塵器很好用，說某部電影無聊到爆，還會說某處海灘有著無敵的夕陽美景。

在考慮這類資訊的時候，我們傾向於把焦點放在名詞、形容詞與副詞上。我們會想知道某台吸塵器好不好用，某部電影有不有趣，某個旅遊行程值不值得去。

但在名詞、形容詞與副詞以外，我們其實在考慮這類資訊時有一個盲點，那就是：動詞的時態。

動詞是溝通中不可或缺的一環。名詞會指出目前正在討論的是哪樣人事物，但是動詞傳達了名詞的狀態或動作。人走路。電子郵件被寄出。理念獲得分享。動詞會把言談的主題置於特定的位置或動態。少了動詞，溝通就會失去意義，就會變成只是不知所云地指向一個又一個人、地、物而已。

動詞之間的其中一種差異在於時態，而所謂時態，指的是動詞所討論的時間段。在英語裡，動詞會以時態來描述一個特定的動作與事件發生在何時。如果有人說他為考試念了書（he **studied** for a test），那就代表他念書的這個動作發生在過去，因為他的動詞用的是過去式。

同樣的動作也可以發生在現在。如果有人說她「正在為考試念書」（she **is studying** for a test），那就代表她目前正在進行這項動作。透過把動詞的時態從過去式改成現在式，溝通者不僅表達出了他在講的是什麼動作（念書），還指明了自己是在何時（過去或現在）做這件事。

動詞的時態可以讓我們知道某人是平日有在學習、此刻正在學習，還是有朝一日將會學習。同樣地，時態也能傳達出一個計畫是已經完成、正在被完成，還是日後會被完成。

確實，在許多狀況下，時態是取決於目前處境。如果有人還沒有開始念書，那他就不能用過去式說他念了書（除非他說謊）。同樣地，如果一個計畫已經完成了，那某人就不會在 finished 這個代表已經完成的分詞前面放上代表未來的 will be。

但在其他一些情境下，動詞時態的使用是可以由人來選擇的。比方說談到某個工作的候選人似乎不錯的時候，我們可以說這人 seems good，也可以說他 seemed good，也就是在現在式跟過去式中二選一。如果要形容一台新的吸塵器很好吸，我們可以說它 cleans well，也可以說它 cleaned well，同樣是現在式與過去式二選一。同理在描述一處以度假勝地著稱的海灘很棒的時候，我們可以說 the beaches are amazing，也可以說 the beaches were amazing。

我的同事葛蘭特．派克（Grant Packard）跟我想知道動詞時態的改變是否會影響說服力，若使用現在式來取代過去式，是否會強化發言者所說內容的說服力。[12]

為了驗證這種可能性，我們分析了不下一百萬筆線上評論——其中包含數十萬筆網友對各種產品與服務發表的意見。

針對每一筆評論，我們都量化了評論者有多常論及過去與現在，以及他們的評論所產生的影響力。我們觀察其他觀看者會不會覺得這些評論對他們有用，會不會讓他們更願意去購買評論中談到的產品或服務。

我們先從書籍下手。針對大約二十五萬筆亞馬遜書評的分析顯示，現在式可以提高書評的影響力。在表達一本書值得一讀的時候說 the book **is** a good read 而不說 the book **was** a good read，或是在表達一本書有很棒的情節發展時說 the book **has** great plot development 而不說 the book **had** good plot development，都能讓人覺得書評的參考性更高。

這是個有趣的開始，但我們還無法排除那是書籍這種產品類別的特有現象。舉例來說，大多數人一本書都只會讀一遍，所以也許書評一般都是用過去式寫成，也才導致使用現在式的書評顯得比較突出。

為了檢驗這種可能性，我們又調查了一種消費者通常不會只使用一次的產品類別：音樂。大部分人聽一首歌或一張專輯都不會只聽一次，所以現在式理應更常出現才是。

但在音樂這個產品類別中，我們也觀察到了同樣的結果。使用更多現在式動詞的樂評更有說服力。

事實上，綜觀各式各類的產品（譬如消費性電子產品）與服務（如餐飲業），這樣的模式始終不變。不論我們往哪看，現在式都會讓影響力上升。說音樂很好聽的時候說 the music **is** good 而不說 the music **was** good，說印表機很好用的時候說 the printer **does** a good job 而不說 the printer **did** a good job，或是在說餐廳的墨西哥塔可餅很好吃的時候說 the restaurant **makes** delicious tacos 而不說 the restaurant **made** delicious tacos，都能讓人覺得這意見具有更多的參考價值、實用性和說服力。聽到有人說某處海灘擁有絕佳的氛圍時講的是 the beach **does** have great atmosphere 而不是 the beach **did** have great atmosphere，就會讓人更想身歷其境去體會一下。

至於其背後原因，就跟前面說過的規避語、猶豫跟帶著力量的語言等現象有著一模一樣的理由。

過去式所代表的是某個說法在特定的時間點上為真。如果有人用過去式的 was 說「那名應徵者很厲害」或「那個辦法效果很好」，那代表說的人是在昨天擔任面試官時覺得那個人很厲害，或者那個解決方案是在上禮拜被拿來用的時候效果很好。

再者，由於個人的經驗自然都是主觀的，因此過去式的使用意謂著該陳述也是主觀的。用過去式的 was 說一本書很有趣，就暗示著這個意見是基於某次特定的個人體驗，代表評論者在過去的某個時間點上讀了這本書，而當時他讀得很開心。

這麼一來，過去式就會傳達出某種程度的主觀性與稍縱即逝的性質。即這個意見是基於特定個人的主觀經驗，而且還只是在某個時間點上的主觀經驗。

對照之下，現在式則意謂著一種比較普世而長久不變的性質。用現在式說一樣東西好用，代表著這東西不僅過去好用、現在好用，而且未來也會繼續好用。用現在式說一樣東西可以滿足你的需求，代表這東西不僅過去可以滿足你的需求，它下一次也會繼續滿足你的需求。不僅僅是來自特定人士的特定經驗而已，現在式所代表的是一種更為穩定的狀態。這種狀態不會因人而異，不會因時而異，而會始終為真。那不只是某人在過去的一次經驗，其他人也都可以在未來獲得相同的體驗。[13]

所以說，使用現在式可以提升影響力，因為它會改變聽眾對發言者所分享之內容的觀感。如果說過去式訴說的只是有限經驗中的個人意見，現在式的說法則代表溝通者有足夠自信去提出一個舉世通用的明確主張。不只是過去如此，而是現在如此，未來也會如此。那不只是說話者的一家之言，那是一個客觀而不受時空限制的真相。

而一樣東西如果能不受時空限制，自然也會握有更大的影響力。假如有人用過去式表示，這家餐廳之前食物很好吃，那家飯店的服務之前稱得上賓至如歸，那也許還算值得去一下。

但如果有人用現在式表示，這家餐廳的東西就是好吃，那家飯店的服務就是五顆星，就顯示出了更高一層樓的品質。既然如此，聽見的人自然更有動力去嘗試看看了。

換句話說，現在式表示發言者不是隨便說說，他們對自己的意見相對更加篤定。用現在式取代過去式，去對病患說某種療法有九成的成功率，說那可以降低人的膽固醇，會讓病患更願意考慮採取這種療法。用現在式取代過去式，說一種飲食習慣能幫助人減重，聽到的人就會更傾向去嘗試看看。用現在式取代過去式，說一輛車被《汽車趨勢》（*MotorTrend*）選為該雜誌的年度風雲車，消費者聽了更會產生購買欲。

想要增加你的影響力嗎？在發表一項重大計畫的成果時，你可以在說你發現了什麼的時候，用現在式的 what you **find** 取代過去式的 what you **found**。談到大家在忙些什麼的時候，你可以用現在式的 how people **are** doing something 取代過去式的 how people **were** doing something。提到餐廳東西好吃時，你可以用現在式的 the food **is** excellent 來取代 the food **was** excellent，這也能讓別人更願意前往一探究竟。

把過去變成現在，會讓旁人更聽得進去你想告訴他們的事情。

適時表達懷疑

至此我們討論過了可以傳達出自信的若干種辦法。丟棄規避語、不要猶豫、使用確定語、把過去式換成現在式，這些都是你的選項。但雖說帶著氣勢說話可以讓我們顯得更加堅定不移，也可以提高別人願意聽從我們的機率，但在某些狀況下，更加謹言慎行一些才能得到更好的效果。

感恩節是一個特別的時節。美國人會從四面八方回到家鄉，與親朋好友相聚、共享美食，並對過去一年所有的好事表達感恩之意。

但在遊行、火雞大餐與各式傳統之間，近年的感恩節還帶來了衝突的一面。美國人如今在政治上的兩極化是前所未見的狀況，我們平日總和與我們所見略同的人來往，但感恩節是一個很特殊的場合，因為跟大家庭的親戚們湊在一塊等於必須跨出同溫層，跟話不投機的人大眼瞪小眼。

許多家庭會約法三章，大家都不准在聚會的時候聊政治，但總是會有人忍不住嘴巴癢。他們失去了工作、申請不到政府補助，或是對經濟感到不滿，重點是他們想要怪罪的人跟我們心目中的罪魁禍首可能會非常不一樣。一席彬彬有禮的對話可能在眨眼間演變成針鋒相對的激烈爭辯。

與其跟氣瘋了的路易叔叔在客廳裡對罵，我們是不是可以有辦法進行比較文明的討論呢？甚至於，我們是不是能稍稍改變對方的想法呢？

幾年之前，卡內基梅隆大學的研究者招募了數百位民眾來討論具有爭議性的話題，[14]其中包括各種在社會中立場兩極化的主題，如墮胎是否應該合法、保障少數族裔權利的「平權法案」（affirmative action）是否該適用於大學招生政策、無證移民是否應該在達成特定條件後獲准合法留在美國等等。都是一些仁者見仁，智者見智，多少個人就可以有多少種看法的議題。

有些受試者被要求寫下說服性的訊息，這些訊息意在促使他人改變想法。比方說在墮胎合法性的問題上，一名支持生命權（pro-life）的反墮胎人士指出了有多種「逼迫女性去進行墮胎的可能因素」，且「墮胎可能是一個人所能做出最重大的一種決定，因為那牽涉到剝奪一條生命」。

其他人只被要求當個聽眾。在報告過他們對不同議題的既有立場（譬如他們是支持墮胎的選擇權或胎兒的生命權）之後，他們閱讀了上述其他受試者寫下的說服性訊息，並回報他們有沒有被這些訊息說服。

很重要的一點是，在閱讀說服性訊息之前，部分聆聽者會先讀過一些「準說服者」對自身意見所表達的懷疑。在那些質疑中，準說服者會提到他們固然已經審慎思考過該議題，但他們仍無法百分之百確信自己是對的。

如果篤定的態度永遠都象徵說服力，那這種自我質疑就應該會削弱人的影響力才對。畢竟如果連說服者自己都不確信自己是對的，他又怎麼有辦法去影響別人呢？

但在這個情境中，事實上出現了完全相反的結果。對頗具爭議的議題表達出自我懷疑反而讓說服力增加了。特別是對那些已經持有強烈定見的人而言，聽到別人不是那麼確信自己的意見，會鼓勵他們同樣朝著懷疑的方向去改變自己的想法。

在嘗試改變與我們意見相左之人的想法時，我們常覺得直球對決才是上策。我們總認定只要我們把事實攤開在他們面前，並提供中立客觀的資訊，另一邊的人就會幡然悔悟。

但所謂的「事實」在不同的人眼中，根本不是同一回事。特別是當人已經持有強烈定見時，帶有動機的論述往往會刺激他們去逃避或忽視那些可能威脅或挑戰他們信念的訊息。

也就是說，當我們的目標是說服另一個陣營的人，太過直接會造成反效果，反而導致對方更加堅信自己的原有信念。事實上，那些意在說服對方的訊息不但沒有效果，還把一群數量可觀的研究參與者推得更遠，導致他們的意見往另一方移動。

就某種意義來說，說服可以拆分成兩個階段。第一個階段，指的是人已經開始認真考慮別人的看法，或所獲得的資訊，並且決定是否要更新自己的信念。但在進入第二階段前，他們首先得決定自己要對新資訊接納到什麼程度。究竟是要聽聽看眼前的說法，還是根本不要聽？

人類內建有一種反說服雷達，或者說對不同意見的防禦系統，每當有人想要說服我們的時候，這個防禦系統就會警鈴大作。某樣人事物愈是與他們意見不一，他們就愈不可能敞開心胸傾聽。由此而言，改變之所以如此困難的一個原因就是對於與自己想法相左的資訊，人通常是連考慮都不想考慮。

所以說在面對與自己不同掛的人時，稍微迂迴一點才是更有效的做法。與其一劈頭就丟出資訊，我們應該先設法讓他們願意打開心胸，讓他們願意傾聽。

這就是為什麼表達懷疑會有一種以退為進的效果。展現出我們內心糾結與猶豫的一面，可以降低對方的戒心。對自己的看法表現出質疑，等於承認不同的意見可以共存，而這使另一個陣營的人覺得獲得某種程度的肯定，進而願意試著傾聽。自我懷疑代表我們承認了問題的複雜性或存在灰色地帶，也就有助於讓對方更樂於接納新觀點。

不確定性所釋放的信號是我們對其他觀點的開放性。[15] 所以，尤其在問題具有爭議性，或對方於自身看法相當堅持的時候，表現出些許的懷疑其實可以讓我們更有說服力。

以大眾流行媒體中的科學報導為例，其內容經常把學術研究的發現講得比實際狀況更加斬釘截鐵。頭版上的文章報導著喝咖啡會增加胰臟癌的罹患機率，或是「少量多餐」的運動比長時間的運動效果更好。雖然這些斷然的主張用在標題的效果絕佳，但在幾個月或幾年後，常常就會有說法完全相反的報導文章赫然出現。這種現象不僅會讓社會大眾看得一頭霧水，更會讓科學界的公信力受損。

雖說有人主張模稜兩可的說法會削弱科學家與記者的可信度，但這顯然不適用於此處。承認科學研究的侷限性，毫不避諱地報導出來，反而能讓讀者眼中的科學家跟記者更值得信賴。[16]

明明知道某件事並非定論，卻故意裝傻，難保不會玩火自焚。不但給人一種過度自信或不切實際的印象，也對自身的說服力造成打擊。

所以在這類情境下，表達出懷疑才是最佳策略。例如把直述句變成問句，就是一個邀請對方給予回饋的好方法。這可以顯示出我們不是個獨斷專行的人，我們懷著開放的態度，願意接受甚至是積極徵求他人的意見，並希望大家能一起來參與討論的過程。當然，我們有自己的意見，但我們也有興趣聽聽其他人有什麼話想說。

同理也適用於規避語或其他帶有試探性的語言。像「或許」、「可能」與「說不定」等用語，都帶有一點模糊跟曖昧。所以如情報分析師等就會盡量在簡報中避免這類說法，免得造成誤解。

惟這些說法所暗示的不確定性，並非在所有狀況下都是壞事，特別是當我們想要小心一點，避免言過其實的時候。像是說研究結果指向 X 造成了 Y，而非表明 X 造成了 Y，這意謂著 X 與 Y 之間可能存在某種關係，但尚未獲得百分之百的證實。只要你的目標確實是想表達出這種不確定性，那試探性的語言就能很有效地替你把這種想法傳達出去。

用文字施魔法

文字的功能不只在於傳達事實與意見。它們還能揭示溝通者對自身所表達的事實與意見有何等程度的自信。由此，文字會形塑我們在他人眼中的觀感，也會決定我們的發言能產生何等的影響力。

想在別人眼中呈現出更為正面的形象嗎？想提高你的影響力嗎？那你可以：

① **丟掉規避語**。想傳達出自信，你就要盡量避免像「或許」、「如果」與「依照我個人的意見」等說法，這些說法會讓發言的內容和發言的人都顯得舉棋不定。

② **多用確定語**。除了丟掉規避語，你還應該善用確定語。像「肯定是」、「很清楚地」、「顯然是」等說法，都能讓人覺得發言的內容不是個人意見，而是無可駁斥的事實。

③ **不要猶豫**。「嗯」、「啊」、「呃」是人類言談中很自然的一部分，但如果太常出現，會讓他人難以對我們的訊息抱持信心。所以這些用來湊數的填補詞要盡可能少。

想要減少猶豫的感覺，我們可以事先想好自己要講什麼，並在需要整理思緒時不要嗯嗯啊啊，直接停頓一下就是了。

④ **把過去變成現在**。現在式可以傳達出信心，也可以增加你的說服力。為了讓人看見你的篤定，你要盡量避免用過去式說「我當時很喜歡那本書」（I **loved** that book），而改用現在式，直接說「我很喜歡那本書」（I **love** that book）。

⑤ **適時表達懷疑**。表現出明確堅定的態度，通常都能使人從中獲益。但如果目標是讓人感覺我們有著開放的心胸、樂於接受反對的意見，而且對問題的複雜性有清楚的意識，那麼表達出些許的自我懷疑就會是一個好選項。

只要能掌握代表自信的語言，就能表現出我們的專業、展露我們對相反意見的開放心胸，並且讓旁人更願意接受我們的建議和看法。

目前為止，我們已經討論了兩大類型的咒語。首先是能夠啟動身分認同與能動性的文字，再者是能傳達出自信的文字。接下來我們要聊的是第三個類型，也就是能幫助我們把問題問對的文字。

1 William M. O'Barr, *Linguistic Evidence: Language, Power, and Strategy in the Courtroom* (New York: Academic Press, 2014).

2 Bonnie E. Erickson et al., "Speech Style and Impression Formation in a Court Setting: The Effects of " 'Powerful' and 'Powerless' Speech," *Journal of Experimental Social Psychology* 14, no. 3 (1978): 266–79, https://doi.org/10.1016/0022-1031(78)90015-X.

3 Some examples of this work include: Mark Adkins and Dale E. Brashers, "The Power of Language in Computer-Mediated Groups," *Management Communication Quarterly* 8, no. 3 (1995): 289–322, https://doi.org/10.1177/0893318995008003002; Lawrence A. Hosman, "The Evaluative Consequences of Hedges, Hesitations, and Intensifies: Powerful and Powerless Speech Styles," *Human Communication Research* 15, no. 3 (1989): 383–406, https://doi.org/10.1111/j.1468-2958.1989.tb00190.x; Nancy A. Burell and Randal J. Koper, "The Efficacy of Powerful/Powerless Language on Attitudes and Source Credibility," in *Persuasion: Advances Through Meta-analysis*, edited by Michael Allen and Raymond W Preiss (Creskill, NJ: Hamapton Press, 1988): 203–15; Charles S. Areni and John R. Sparks, "Language Power and Persuasion," *Psychology & Marketing* 22, no. 6 (2005): 507–25, https://doi.org/10.1002/mar.20071; John R. Sparks, Charles S. Areni, and K. Chris Cox, "An Investigation of the Effects of Language Style and Communication Modality on Persuasion," *Communications Monographs* 65, no. 2 (1998): 108–25, https://doi.org/10.1080/03637759809376440.

4 Paul C. Price and Eric R. Stone, "Intuitive Evaluation of Likelihood Judgment Producers: Evidence for a Confidence

Heuristic," *Journal of Behavioral Decision Making* 17, no. 1 (2004): 39–57, https://doi.org/10.1002/bdm.460.

5 遇到確實想表達某種不確定性的時候，我們該做的是用對規避語。與其說「這感覺應該行得通」，我們可以用比較個人化的方式說「這給我的感覺是應該行得通」，其中後者的說服力其實會比較強，因為那會傳達出一種自信，表示你知道那當中存在不確定性，而你也沒有要去否認。

6 規避語出現的位置也會造成差別。讓規避語走在前面（我覺得這種最棒）比起讓規避語殿後（這種最棒，我覺得啦），前者可以傳達出更多自信。把規避語置前代表你知悉某種觀點是你的個人看法，但你還是對這種觀點很有信心。但把規避語放在陳述之後則表示你不想太過一口咬定，而那就會讓情報跟分享情報的人都顯得不是那麼確定。

7 研究人員的經費申請書若使用較少不確定性語言、較多肯定語言，可以從國家科學基金會爭取到更多經費。See David M. Markowitz, "What Words Are Worth: National Science Foundation Grant Abstracts Indicate Award Funding," *Journal of Language and Social Psychology* 38, no. 3 (2019): 264–82, https://doi.org/10.1177/0261927X18824859.

8 像「好像」、「你知道」、「我是說」、「好的」、「所以」常常也發揮著類似的功能。

9 Lawrence A. Hosman, "The Evaluative Consequences of Hedges, Hesitations, and Intensifiers: Powerful and Powerless Speech Styles," *Human Communication Research* 15, no. 3 (1989): 383–406; James J. Bradac and Anthony Mulac, "A Molecular View of Powerful and Powerless Speech Styles: Attributional Consequences of Specific Language Features and Communicator Intentions," *Communications Monographs* 51, no. 4 (1984): 307–19, https://doi.org/10.1080/03637758409390204.

10 Laurie L. Haleta, "Student Perceptions of Teachers' Use of Language: The Effects of Powerful and Powerless Language on Impression Formation and Uncertainty," *Communication Education* 45, no. 1 (1996): 16–28, https://doi.org/10.1080/03634529609379029.

11 所謂的「附加問句」（tag question：「今天好冷喔，是不？」）也有類似的效應。把陳述變成問句，代表著說話的人也不是很確定自己的說法，而這就會讓講者的說服力被打上折扣。

12 英文裡的動詞沒有未來式的變化形——而是在動詞原形前加上輔助動詞 will 來表達某件事將在未來發生的意思——所以我們在此只會專注討論現在式跟過去式的變化。

13 這跟我們在第一章談到的名詞 vs. 動詞也有相關。與其說某人會跑步，說某人是跑者也意謂著一種更基本的狀態：名詞代表某人的活動中有某種程度的永久性跟穩定性。同理也適用於現在式：比起用過去式說某樣東西當時不錯，用現在式說某樣東西好，代表這種好是無關乎時間，內建於那樣東西裡的好。

14 David Hagmann and George Loewenstein, "Persuasion with Motivated Beliefs," in *Opinion Dynamics & Collective Decisions Workshop* (2017).

15 Mohamed A. Hussein and Zakary L. Tormala, "Undermining Your Case to Enhance Your Impact: A Framework for Understanding the Effects of Acts of Receptiveness in Persuasion," *Personality and Social Psychology Review* 25, no. 3 (2021): 229–50, https://doi.org/10.1177/10888683211001269.

16 Jakob D. Jensen, "Scientific Uncertainty in News Coverage of Cancer Research: Effects of Hedging on Scientists' and Journalists' Credibility," *Human Communication Research* 34, no. 3 (2008): 347–69, https://doi.org/10.1111/j.1468-2958.2008.00324.x.

第三章

問對問題

每當遇到工作上有棘手的任務讓我們難以解決，或是有某個自己動手做的項目超乎我們想像地困難，這時我們會有許多方法可以脫困。我們可以上網查，可以跟人腦力激盪出另類解法，可以採用試誤法，多試幾次總能找到方向。

但有一種辦法是我們會避之唯恐不及的，那就是開口求助。我們可以問同事、打電話向朋友求救，但我們往往不會這麼做。我們不想麻煩別人，況且也不確定他們幫得上忙，就算他們幫上忙好了，我們也會怕開口求助會讓人小看了我們。我們覺得求助等於無能，所以把這個選項徹底跳過。

這種直覺，會不會其實是一種誤解？

二〇一五年，我在華頓商學院的兩位同事跟哈佛大學的一名行為科學家找來許多人做了一套智力問答測驗。[1]那當中有些問題很簡單，像是「誰是美國第一任總統？」（解答：喬治・華盛頓）；也有高難度的問題，像是「sesquipedalian 這個單字是什麼意思？」（解答：形容詞——愛用冗長字詞的）。

受試者被告知了科學家想知道溝通會如何形塑問題的解決過程，所以每個人都會分配到一個匿名的搭檔，雙方可以在解題的過程中進行溝通。每一位受試者都被告知他們要先完成一些測驗，然後他們的搭檔也要在實驗後半段完成同一份測驗。

在完成第一組測驗問題後，受試者會被告知他們做得挺不錯（十題裡做對了七題），但他們的搭檔表現略差一點（十題只做對六題）。然後他們會收到來自搭檔的訊息。某些人收到的訊息只是單純打個招呼（哈囉），或表達團隊精神的三言兩語（哈囉，我們一起好好加油吧），但也有些人的訊息附帶了一個問題：「哈囉，你對答題有什麼建議嗎？」

實際上，那些搭檔根本不存在。科學家想知道的是人在徵詢建議時會被如何看待。跟純粹閒聊比起來，徵詢建議究竟會讓人在他人眼中的印象變好還是變壞。所以他們讓受試者與電腦模擬的搭檔配對，以便去觀察這些「搭檔」所說的話會如何影響他們在受試者心目中的觀感。

在收到來自「搭檔」的訊息後，受試者在各種面向上為他們的搭檔評分。包括他們覺得這名搭檔能力如何，還有他們是不是個稱職而能幹的夥伴。

如果開口求教會讓人顯得能力較差，那受試者應該會對尋求建議的搭檔打出比較低的分數。求助應該會讓他們顯得依賴性很重、能力低人一等。

但事實正好相反。

當科學家分析了實驗結果後，他們發現尋求建議會讓人覺得他們的搭檔能力更強，而不是更差。究其背後的理由，和人們被徵詢意見之後所產生的感受有很大的關係。

沒有人不喜歡感覺自己很聰明。沒有人不喜歡那種別人覺得他們很聰明、可以提供寶貴意見的感覺。

所以開口求教可以讓我們在對方心目中變聰明，是因為我們先照顧到了對方的自尊心。我們以為自己一發問，就會被想成是能力不足或頭腦不好，但被問的人其實會得出一個截然不同的結論：「我的意見絕對值得一問，會知道要來問我，這個人肯定還滿聰明的。」[2]

在某種意義上，詢問某人的意見就等於是在拍他的馬屁。想讓人喜歡我們的時候，我們不是會去拍他們馬屁嗎？

問題是人雖然享受臉上有光的感覺，卻未必信任那些馬屁精。大家都不笨，遇到沒事跑來奉承阿諛的人，我們都知道他背後一定有其目的。馬屁有時候會拍到馬腿上就是這個道理。

這麼一比起來，徵詢建議是更聰明的做法。因為這種做法委婉得多。比起直接告訴某人他們很厲害，向他徵求意見才是真正表現出你對他的高度評價，畢竟你要是不覺得他很聰明、他的意見很寶貴，又怎麼會拿東西去問他呢。

所以說徵詢建議不僅可以為你蒐集到寶貴的見識，還能同時讓發問的你顯得眼光出眾。你的詢問會讓對方感覺自己很聰明，覺得自信滿滿，而他們開心之餘，也會反過來對發問的你留下好印象。

發問的好處

詢問建議其實只是「發問」的其中一例，「發問」（asking questions）本身則是語言學上一個內涵更廣泛的大家族。

在工作場所或在家，發問（跟回答）都是我們整天在做的事情。你喜歡哪一種方案？這東西要多少錢？孩子練完球你可以去接他們回來嗎？有估計顯示人一天會問出（與回答）數百個問題。

問題具有各式各樣的功能。當然，問題可以蒐集資訊，可以滿足好奇心，但它們也可以形塑發問者給人的印象，可以左右對話的流向，可以牽動交談雙方的社會關係。

惟不論在任何的社交互動中，可以問的問題都彷彿是無限多。我們可以詢問對方工作狀況，可以問他們的興趣，甚至也可以問他們早餐吃了什麼。

而儘管有些問題感覺可能有助於社會連結的建立，或是可以讓問的人面子十足，其他有些問題可能就得不到太多好處。比方說問別人一些尷尬或唐突的問題，可能會讓我們就此名列拒絕往來戶。

所以說，問題之間是不是有優劣之分呢？我們該怎麼知道哪些問題才是對的問題呢？

這裡有四招可以幫助我們問出更好的問題：（一）打蛇隨棍上；（二）四兩撥千斤；（三）避免想當然耳；（四）穩紮穩打。

打蛇隨棍上

說起擁有成功的人際關係，已經行之有年的說法是個性與外表決定了一切。有些人比較風趣，有些人比較有個人魅力，有些人比較賞心悅目，而這些個人特質都會讓他們贏在起跑點上。

另外一個常見的解釋是，人與人之間的相似性是勝負的關鍵。這就像常有人說物以類聚，擁有共同志趣的人會比較有話聊，對話的品質也會比較好。

雖然這些因子確實占了一席之地，但這種觀點也會讓人覺得氣餒。因為這些條件，我們基本上都無能為力去改變。我們的身高是固定的，個性也是本性難移，至於什麼區塊鏈、斯多噶主義等五花八門的話題，我們當然不是不能多方涉獵然後試著融入某個小團體，但實在也太費工夫。

所以說，我們這些不夠帥、不夠美、沒有天生強大魅力的人，就注定只能當邊緣人了嗎？還是說我們還有別的路可走？

為了探究是哪些因素造就了第一印象，史丹佛與加州大學聖塔芭芭拉分校的學者分析了數以千計的「第一次約會」。[3]他們收集了年齡之類的人口統計資料，外貌（身高、體重）等生理特徵，還有嗜好、興趣等個人特質，除了這些個人資料之外，他們也捕捉了約會中的互動過程。利用麥克風，他們錄下了約會過程中雙方說出的每一句話。

不令人意外地，外貌扮演了某種角色。像女性就特別喜歡身高高於平均值的男性。相似性也有一定的重要性。大家比較想跟抱有共同志趣或嗜好的人再約下一次。

惟在這些比較固定的條件以外，人的談吐也會造成相當的加分或扣分。問問題會帶來比較好的第一印象。那會讓人感覺他們一拍即合，對第二次約會的意願會變高。[4]

同樣的狀況在各種領域中上演。在平日和陌生人相互認識的對話中，愛問問題的人會比較討人喜歡，讓人覺得相處起來比較有趣。在醫病互動中，病人會對那些會問更多問題去了解他們生活與各種經驗的醫師比較滿意。[5]

而當學者進一步深究後，他們發現某些特定類型的問題又比其他更管用。

一如請人提供建議的實驗所告訴我們的，發問可以顯示我們對他人的看法感興趣。可以顯示出我們在乎他們和他們的觀點，以至於想用問題去了解更多。同樣地，在約會當中或在日常的例行對話中，發問都可以展現出我們不是只會悶頭聊自己，我們也對聊天對象跟他們想說的話感興趣。

因此，不同的問題各自能產生多大效益，多少取決於這些問題能表現出何種程度的關懷與興趣。

有著開場白性質的問題如「你好嗎？」是日常對話內建的一部分，你很難以此判斷對方是真的想知道你好不好，抑或只是客套。

所謂的鏡射問題（那些像鸚鵡一樣原封不動反問回去的問題）也有類似的效應。當有人問「你午餐吃了什麼？」，我們常見的反應是「魯賓三明治，你呢？」。比起單純地回答問題（「魯賓三明治。」），追加一個問題顯示出些許興趣。那代表我們不是完全的自我中心，還不至於目中無人到忘記要禮尚往來。但由於把同一顆球打回去並不需要太費力氣，所以也不太可能從中收穫什麼人際紅利。與開場白式的問題類似，鏡射問題很難顯示出說話者是真的有興趣，或只是不想太失禮。

有些類型的問題不僅得不了分，甚至還會扣分。如果有人說「我要休一個禮拜的假去爬山」，那麼回以「你最喜歡的電影是什麼？」就太無厘頭了。這話既與對方丟出的話題無關，也不符合正在討論的內容。這種回答不要說表示出關心與興趣了，根本完全相反：回答的人要不就沒有在聽，要不就覺得無聊透頂，才直接跳到下一個話題。不用想也知道，這不會為問問題的人爭取到什麼好印象，什麼都不問反而更好。

相較於此，一種比較好的問題類型是「打蛇隨棍上」，跟著對方剛剛說的事情講。如果對方提到他愛吃美食，那問他喜歡吃哪一類美食就是不錯的選擇。如果對方提及他擔心一個工作上的新專案會不順利，那你就可以追問下去，要他說說擔心的點在哪裡。而如果有人說他等不及週末的到來，那你就可以問問他在興奮什麼。

打蛇隨棍上的問題帶有一種鼓勵對方進一步詳盡說明的意味。你想要他們再多說一點、詳細一點、讓你更加身歷其境。

不論對方是朋友或陌生人，是客戶或同事，打蛇隨棍上的問題都可以為你爭取到好印象。事實上，學者分析過約會中的對話之後，他們發現追問問題特別有助於創造正面的觀感。經常順著對方的話去追問的人，有更高的機率受邀第二次約會。

打蛇隨棍上之所以管用，是因為那代表一種積極應對的態度。比起單純的禮貌性問題，或用問題去改變話題，延續性的問題證明你把對方的話聽進去了、聽明白了，而且還聽不夠。

想讓某人喜歡你嗎？想讓人知道你耳朵有打開，內心有把他們當回事嗎？那麼就不要只是問問題，你要問對問題。

延續性的問題可以顯示我們的用心投入。我們對這場對話有興趣，我們有跟上對方的腳步，而且我們還期待能知道更多。我們認真地聆聽和追問對方所說，因為眼前的人在我們心中有著足夠的分量。

四兩撥千斤

延續性的問題很實用，但根據面臨情境的不同，還有其他類型的問題也可以幫得上忙。

想像你在面試一份你非常期待的工作。你正在尋求新的挑戰，而這份工作就像是老天爺給你的回應。頗具競爭力的企業、令人稱羨的職位，還有值得期待的升遷機會，你都可以一次擁有。

好的開始是成功的一半，面試官感覺很欣賞你，但就在此時事情出現了一點曲折。在問過你之前的經驗跟與新工作相關的技能之後，面試官問起了你前一份工作待遇如何。

像這樣的棘手問題到處都有。在商談生意時，潛在買家常會被問到他們願意出什麼價格。在賣車的時候，潛在的賣方會被問及待售車輛的維修紀錄。而在面試工作時，應徵者常被問到他們前一份工作為什麼離職，他們是否已經拿到其他工作機會，甚至是他們的生育計畫。

這類情境感覺像是無解的難題。那些問題不僅讓人如坐針氈，有些時候還根本就不合法，而且你會覺得自己被逼到了死角。

我們的本能往往是實話實說。也就是正面回答，說出完整的真實故事。

然而，當個老實人往往會讓你付出代價。比方說在協商過程中，披露私人資訊可能會被對方占便宜。同樣地在面試工作時，把前一份工作的待遇、離職的理由或生養下一代的規劃攤開在檯面上，可能會讓你錯過這份工作，或者是錯過這份工作應有的待遇。

問題是，實話實說會讓我們陷於劣勢，其他選項也未必就會比較好。

拒絕回答也同樣會造成問題。想也知道，沒有人喜歡拒絕回答問題的人。再者，我們拒答是為了想要保護自己的隱私，但不回答本身也是一種回答，這種無形的答案所揭露的往往比我們想的還多。比方說被問到為什麼離開上一份工作，而你回答「還是先別說好了」，其實等於告訴對方這背後藏著一些負面的什麼，不然你有什麼好隱瞞的呢？

說謊也一樣要不得。我們可以試著避重就輕，或是編造一個彌天大謊；但說謊不僅非正人君子所為，要是被拆穿還得付出更大的代價。

總的來說，在面對直截了當而棘手的問題時，我們很容易覺得怎麼做都不對。

兩名我的華頓商學院同事想知道有沒有更好的回應方式。[6]所以在二〇一九年，他們招募了數百名成年人，請他們參加一項關於談判的實驗。

受試者得到的指示是想像他們身為畫廊的負責人，正想要售出一幅叫作《春之心》的作品。他們被告知這幅畫的進價是七千美元，而且跟另外三幅畫出自同一名畫家之手，合稱「心」系列。

受試者還被告知潛在的買家願意花多少錢買《春之心》，這取決於他們是不是已經入手了同系列的其他畫作。對於手裡沒有其他同系列作品的買家，他們願意出的錢就是七千上下，但對於那些已經擁有其他作品的買家，他們就可能為了湊齊「心」系列而出兩倍的錢。接下來受試者被安排進兩人小組，由雙方來進行買賣的談判。

不同組的對話呈現出不同的發展，但考量到其對談判結果的重要性，每名受試者都無可避免地問了潛在買家是否已經擁有同系列的其他畫作。而這個地方也就是實驗的關鍵。為了檢視對棘手問題採取不同的回應會產生何種不同的影響，學者操縱了（由研究助理扮演的）買家對棘手問題的回答方式。

在某些受試者面前，買家給出了誠實的回答。他們說自己手中確實擁有「心」系列的作品，而這就代表他們可能願意出高價購畫。

但在其他受試者面前，買家對這個問題守口如瓶。他們只委婉地推託，說現階段還沒有準備好討論他們的收藏內容。

可想而知，儘管誠實為上策適用於平日的人際關係上，但在牽涉到經濟利益時，誠實卻成了下下之策。受試者對老實回答的買家頗有好感，他們誇獎對方值得信賴，然後狠狠地敲了他們一筆，盡可能為畫作開出最高的價碼。

另一方面，拒絕回答在經濟考量下的確是明智之舉，但對人際關係卻是一種傷害。雖然拒不作答可以讓買家用實惠的價格入手畫作，但他們的購畫窗口，也就是受試者，卻不信任他們，並且認為他們在刻意隱瞞什麼的機率是一般人的兩倍。

但實驗者還讓助理扮演的買家嘗試了第三種，也是效果最好的一種策略。不是實話實說，也非推託不答，第三種買家採用另闢蹊徑的做法：他們使出了一招四兩撥千斤。他們沒承認有同系列畫作，也沒說不想回答，第三組買家反問了受試者：「其他系列作品是什麼時候畫的？」或「其他畫也有在賣嗎？」

面對不方便正面回應的問題，他們反過來提出了相關的疑問。

彷彿在隱瞞事實的人很難取得信任。也因如此，如果我們明確地表示拒絕回答問題，就算那是個有點過分的問題，對我們自己也是有傷害的。

隱藏祕密常常會讓對方心裡不是滋味，但探詢資訊就沒有這個問題。事實上正好相反。譬如在工作面試時問問題，會是應徵者用來表現對職缺跟這間公司感興趣的一個好辦法。況且如同前面「建議研究」所顯示的，人都喜歡被人請益。

所以說，用相關的問題來回答問題，便能翻轉劇本。這麼做並不會讓人覺得你在迴避問題，而會讓人感覺到你的興趣跟投入。我們不會因此顯得不討喜或不老實，我們只會因此顯得在乎、顯得想要知道更多。

但比起這些，更重要的是提出這種問題可以四兩撥千斤，讓現場的注意力從棘手問題上移開。謝絕回答除了讓我們看起來在閃爍其詞，一個更大的麻煩是無法轉移掉話題。發問者仍可以窮追不捨，而且真要說，拒答反而放大了潛在答案的重要性。就像在司法場合中，被告一旦搬出美國憲法第五號修正案（人民擁有不自證己罪的緘默權）來拒絕回答問題，下場往往是讓人感覺更加可疑。

而問題就像聚光燈：它們會把注意力聚焦在特定的主題或資訊上。所以當我們用相關問題去回應別人丟來的困難問題，便可以將聚光燈的焦點從我們身上挪開，讓其他的人事物成為新的焦點所在。

要是面試官問一名應徵者她打算何時生小孩，而她反問「您有孩子了嗎？」，這麼一來焦點就從她身上離開了，重點一下子跑到了面試官的個人生活。

如果面試官有孩子，那討論的主題就可以轉向他們（也許還順便讓面試官感覺很溫馨）；要是面試官沒有小孩，那雙方就可以一起感嘆帶小孩會有多麻煩。不論是哪種狀況，都可以讓應徵者不需要去回答一開始那個讓人覺得「干你屁事」的問題。

研究者發現，四兩撥千斤的確是回應直球問題的最佳方案。比起誠實揭露資訊，四兩撥千斤會讓買家在談判中獲得較有利的結果（用比較實惠的價格買到畫），同時也不會因為閃避問題而被當作不可信、不討喜的人。

四兩撥千斤在各種棘手的處境中都派得上用場。比方說在交涉價格時被問到我們這邊最高能出到多少？我們可以反問「您心中有數字了嗎？」，或者在工作面試時被問到我們上一份工作的薪水是多少，我們可以反問「您可以稍微透露一下這個職缺的待遇範圍嗎？」。

四兩撥千斤除了幫我們守住切身資訊以外，也可以替我們照顧到發問者的心情。當有人問起某場簡報他們表現得如何，或是問起某件衣服在他們身上好不好看，而你不想說謊時，四兩撥千斤就可以提供我們緩衝空間。「你自己簡報完感覺怎麼樣？」或「這款式挺有趣的，哪裡有在賣？」等說法都可以避免不必要的傷害並爭取時間，你可以看後續的發展決定是要友善地說出真相，還是就這樣算了。

不過，一如我們前面討論過的各種策略，四兩撥千斤也得用對方法才行。四兩撥千斤不是單純地用問題去回答問題而已。這一招要有用，你反問的問題必須要緊扣原本的主題。比方說面試官問你前一份工作的薪水，你就不能問他早餐吃什麼，因為那樣就不是四兩撥千斤，那樣叫作顧左右而言他，同樣讓人感覺在閃避問題。

這一招的訣竅在於問出一個能表示你對他所說感興趣的問題。這個問題必須要讓人覺得我們是在尋求相關的資訊，而不是在掩蓋資訊。

避免想當然耳

四兩撥千斤可以幫助我們應付許多麻煩的問題，而反過來，「問對問題」則可以增強我們挖掘真相的能力。

我們常常需要從他人身上蒐集情報。我們會想知道某個住宅區好的一面跟壞的一面，會想了解一輛二手車的優點和缺點，也會想確認一名應徵者的長處與短處。可惜的是，別人的行事動機不見得會與我們的一致。比方說房仲會強調某個社區學區有多好、街道設計對行人多友善，但對讓人喘不過氣的地產稅和有如緊箍咒的分區法規隻字未提。二手車行會強調有哪些部件剛換新或整理過，默默忽略那些沒動過的地方。應徵者會大聊特聊他們不久前才剛獲得升遷（以增加自己被錄用的機率），但絕口不提他們因為上班滑臉書而被開除（因為這顯然沒幫助）。

我們要如何鼓勵別人對我們袒露壞事，不為了自身的利益而報喜不報憂呢？

最簡單的答案，似乎就是直接問。我們可以問應徵者他們有沒有被開除過，也可以問房仲這個地段有沒有缺點。但重點是我們要如何去問這些敏感的問題，如何問問題，對能否把真相問出來有著重大影響。

為了檢視敏感問題的正確問法，若干研究者邀請了兩百名受試者來進行二手iPod的銷售協商。[7]他們得到的指示是要想像他們以前收到一台iPod當作生日禮物，他們很喜歡，但他們現在決定要買一支iPhone，而由於iPod有的功能iPhone都有，所以iPod已經派不上用場了。

好消息是那支iPod的狀態還很好。塑膠機殼保護了機身未受撞擊或刮傷，外表看起來就跟新機無異。而且iPod裡還已經存放有大量的音樂，買主想留想刪都隨意。

惟一的問題是這iPod曾兩次完全當機，而修復這個問題需要恢復原廠設定，原本儲存的音樂也會全數清空。這個狀況一旦發生，就得浪費一兩個小時去處理，而且也沒人知道它會不會什麼時候又當掉第三次。

所有受試者都與潛在買家進行了簡短的線上議價。除了聊聊一些基本事項之外，潛在買家還問了一個問題。對某些受試者，買家問的是個一般性的問題（「可以介紹一下這台 iPod 嗎？」）但面對另一些受試者，潛在買家問了一個比較直球的問題。他們想知道這台 iPod 有沒有發生過什麼事故（「這台 iPod 應該不會有什麼毛病吧？」）。

不難想像，賣家會報喜不報憂。他們會強調這台 iPod 的記憶體有多大，機況有多好，還附贈保護殼。帶有策略性的資訊交流多半如此，他們只挑對自己有利的部分說。

事實上，當被籠統地問到「可以介紹一下這台 iPod 嗎？」，只有百分之八的賣家會主動提到 iPod 有過莫名當機的問題。雖然同樣的事情有可能未來再次發生，但幾乎沒有人主動提及，因為大家都知道這不利於他們把 iPod 賣個好價錢。

所以說隨便問一個籠統的問題，很顯然是沒有用的。那如果單刀直入地問呢？效果會好一點嗎？

算是有吧。

如果買家挑明了問說 iPod 有沒有潛在的問題（「這台 iPod 應該沒有什麼毛病吧？」），有些賣家會相對老實交代。大約六成的賣方坦承了 iPod 有過當機的歷史。

不過，雖說直球對決可以讓部分賣家揭露商品的黑歷史，但十名賣家中還是有四名會為了顧全商品的形象而閃爍其詞。而這就代表買家有四成的機會成為冤大頭。

這其實讓人很不放心。畢竟我們都已經直球對決，盡可能再直接不過地發問了，這四成賣家還是不會給出坦白的答案。

也許有些人就是心術不正。這種人不論你怎麼問，他們會想辦法脫身。騙子就是騙子，你拿他們沒轍。

雖然人性確實是一個問題，但另外一個問題在於語言本身。因為像「這台 iPod 應該沒有什麼毛病吧？」這話除了是在詢問商品有沒有問題，其實也內建了一種假設：這商品沒有問題。

如在第一次約會跟請求建議的研究中所顯示的，問題會形塑我們給人的觀感。但問題不光會形塑我們看起來是不是聰明或討喜，還會決定我們在他人眼中懷有什麼樣的認知與意圖。

問出像「可以介紹一下這台 iPod 嗎？」這樣的問題，就是幫對方做了一個球，讓他很方便把重點放在商品的優勢上。畢竟那不是一個直接要你回答商品劣勢的問題，賣方自然沒有必要去自曝其短。

就算是比較直接的問題（「這台 iPod 應該沒有什麼毛病吧？」），也能讓賣方判斷出你對 iPod 常見的問題心裡沒個底、沒特別理由去懷疑他的產品有毛病，而那就代表他們可以很放心地避重就輕，不太需要擔心被戳破。這不就是在糊弄人嗎？當然是。但反正糊弄人的好處那麼大，被逮到的機率又那麼小，顯然是利大於弊。

所以十次要被騙個四次的我們，就只能認了嗎？

先別急。我們還有第三種問題。這種問法可以大大提升我們問出事情端倪的可能性。

就算我們自己沒有意識到，像「這台 iPod 應該沒什麼毛病吧？」的問題等於預設了東西應該就是沒毛病。這個問題的確是直接問重點，但這句話也同時傳達出發問者內心的預設台詞：應該沒什麼問題吧。

相較於沒有針對性的問題（「可以介紹一下這台 iPod 嗎？」），這種針對性的問題顯示出發問的人知道產品不是不可能有狀況，但這個問法也代表他們其實沒有太多興趣去仔細探究。這要嘛是因為他們覺得自己沒那麼倒楣，要嘛是因為他們不想跟人針鋒相對，總之他們不太可能於此窮追不捨，乃至於咄咄逼人。

但針對這類潛在問題還有另一種詢問方法：把我們的假設翻轉過來。也就是不要預設一切都正常，而是預設有問題存在。從這種假設出發，我們問的問題就會是：「這台 iPod 有哪些問題？」，相較於隱諱地假設不會有毛病，這種問法隱含的潛台詞是認定這東西多少會有些問題，而你想要打破砂鍋問到底。

再者，這樣的負面假設問題會為發問者建立一個不同的人設。不是天真地渾然不覺，也不是怕事而想要迴避，朝負面假設的問題會顯得發問者對商品可能存在毛病有清楚認知，也決心要把事情問出個究竟。

而這麼一來，對方想要閃爍其詞也就沒那麼容易了。確實如此，當第三組潛在買家問起「這台 iPod 有哪些問題？」，賣家就比較傾向大方分享資訊了。雖然抱持正反假設的兩種問題，都直接問及東西有沒有毛病，但負面假設的問題會讓賣家坦白招認的比率上升百分之五十。8

問題不僅是在向他人索取資訊，也同時在透露發問者本身的資訊。問出口的問題會讓旁人知悉我們的知識儲備、我們的預設立場，還有我們的決心強弱。

所以說，我們問的問題不僅形塑了我們的形象，更左右了我們所獲答案有幾分真實性。當然，一定有一群人還是會堅持說謊，或繼續無所不用其極地閃避問題，但可以確定的是他們愈是覺得自己可能會被拆穿，那他們堅持說謊或閃避問題的可能性就會愈低。

這類問題的重要性，遠遠不止於用來防範有人對我們說謊。醫師一整天有看不完的診。他們時間緊迫，所以動作要快，而要動作快，問題就有一定的問法。「你沒有在抽菸吧？」他們可能會這樣問來年度健檢的人，或是問說「你的運動量還算夠吧？」，這類問題可以讓他們看診時的「翻桌率」大增。

但從「應該沒問題」的角度去問問題，這些醫師也在無意間鼓勵了一種特定的回應。假設一個病人明明有抽菸，或是明明沒在運動，他們就真的會去否定醫生說的話嗎？畢竟醫生那種是非題的問法，可以說就是在引導你順著回話。假裝沒有問題，對話就順順地過去了。

所面對的愈是對方不願意揭露的資訊，我們在問問題時就愈要避免正面的假設，也就是要盡量避免預設一切都沒問題。病人當然知道承認自己抽菸或不運動會被醫師白眼，所以他們會盡可能去逃避這個話題。甚至於他們若有酗酒或濫用藥物，那他們逃避問題的動機就更強大了。

同理也適用於我們希望聽眾挺身發言的時候。在做簡報或在課堂上解釋複雜概念時，我們常會說「沒有問題吧，大家？」，但如果我們把問題換成「大家有什麼問題嗎？」，則更能鼓勵沒聽懂的人「打蛇隨棍上」，不要就這樣唏哩呼嚕過了。

總而言之，人遇到問題都會有動機想要選擇性地回答，但只要我們問對問題，真相就有可能落到我們手裡。我們就能找出對方不想讓我們知道的負面因子，更全面地做出對我們有利的決策。

光是把問題問得直接是不夠的。我們問的問題不但要直接，還得讓對方意識到兩件事：一來是我們清楚知道對方可能心裡有鬼，二者是我們絕不會善罷干休。

當然啦，房東不會太想告訴你隔壁住著吵死人的派對咖，樓上有不受控的小孩，樓下有吠個不停的狗。但光是一句「鄰居都是些什麼樣的人？」並不能讓房東從實招來。我們必須問對問題（以前的住戶有沒有抱怨過鄰居？），只有避免想當然耳地做出（正向的）假設，我們才更有可能獲得坦白的答案。

穩紮穩打

知道問題該怎麼問才對，是一門價值連城的本領。問題絕對不是你愛怎麼問就怎麼問，有些問法就是效果比較好。

而除了問題本身有高下之分以外，不同的問題類型在對話中提出的絕佳時機也各有不同。

一九六〇年代末，加州大學柏克萊分校的研究生亞瑟．艾朗（Arthur Aron）正在思考自己要研究的主題。他攻讀的是社會心理學的碩士學位，為此他正在找尋一樣還沒有被深入研究過的主題。一樣沒有人想到過可以進行科學研究，但他能想到辦法去突破的主題。

就在想著這個問題的同時，他也在跟一名同學伊蓮・斯伯丁（Elaine Spaulding）約會。他們陷入了愛河，而就在他們親吻的當下，他意會到了兩件事情。首先，他想跟這個女孩共度一生；再者，「愛」好像正是他在尋找的碩士論文題目。

時間快轉到五十多年後，他們仍舊是一對愛侶。而且兩人還一起做了一些很厲害的事情。他們一起周遊世界，一起寫出了暢銷書，旅居過了從巴黎、多倫多到溫哥華，再到紐約等各個地方。

而在這一路上，艾朗也改變了從朋友到戀愛對象再到初次見面的陌生人，我們對各種人際關係的想像。

他們的研究檢視了人是如何形成並維持關係，還有這類連結在個人成長與發展中所扮演的角色。他們研究了與伴侶一起從事新穎刺激的活動可以如何改善兩人的關係，跨群體的友誼可以如何降低偏見，還有在熱烈愛情的底層有著何種神經機制（小提示：跟人體對古柯鹼產生反應的機制相同）。

惟他們最為世人所知的一些研究，是牽涉到如何讓人拉近距離的那些。緊密的人際關係對於人活在世間，是不可或缺的東西。社會連結不僅給了我們說話的對象，我們更因此才得以過上快樂健康的日子。比起名與利，人際關係的品質更能決定我們幸福與否。甚至於我們的身心健康，也可以從人際關係進行有力的預測。數十項研究都發現有著來自家人、朋友或社區的強韌社會支持的人，會展現出較低的焦慮與憂鬱比率，較高的自尊，乃至於較長的壽命。

雖然緊密人際關係的好處很明顯，但這種關係通常需要時間才能開花結果。像是同事若想變成朋友，通常得歷經多次互動；堅實的戀愛關係則往往需要為期數週到數月的無數次約會才能成立。

再者，發展較強韌的人際關係常常具有相當的難度。假設你想要與在辦公室的某人變成朋友，或是想深化與某人原本只是泛泛之交的關係，你可以嘗試與他們不期而遇，也可以找個理由跟他們一起喝杯咖啡，然而碰面時該如何找到對的話來說常常是很燒腦的事情。

艾朗夫婦在想有沒有什麼更好的辦法。他們想知道有沒有什麼萬無一失的流程，可以讓任何兩個人順利拉近關係。有沒有什麼技巧，無論朋友、曖昧對象甚至剛認識的陌生人都適用，並且能夠讓他們在短短一小時內就收穫成果。

這聽起來有點像在變魔術，甚至根本就是不可能的任務。畢竟信賴與親密感都不是一朝一夕的事。

但有時候，就在一切看來都那麼不可能的狀況下，社會連結會就這麼建立起來並美麗地盛開。陌生人會剛好在班機上比肩而坐，而等到要下飛機時，他們已經是無話不談的好友。原本素不相識或甚至互看不順眼的同事會恰好在培養團隊精神的活動中被分在一組，自此形影不離。

在一九九〇年代末，艾朗夫婦建立並測試過了一種可以促使社會連結形成與強化的方法。這種技巧可以讓人不分對象、不分時間、不分地點，與人培養出親近的關係。

而這種方法究其核心，靠的就是問對問題。

兩個人被要求去閱讀並討論三組問題。第一組是從一個相當簡單的問題起頭：「假設全世界的任何一個人都可以，你會最想邀請誰來共進晚餐？」，其中一個人先答，然後換另外一個人。

再來是第二個問題：「你會想出名嗎？如果想，你希望用哪種方式出名？」，兩個人同樣輪流作答，然後再推進到第三個問題：「你曾經在打電話之前先演練要說什麼嗎？原因是什麼？」

搭檔的兩個人輪流閱讀並回答第一組的問題，為時十五分鐘之內能答完幾題算幾題。

第一組問題

①假設全世界的任何一個人都可以，你會最想邀請誰來共進晚餐呢？

②你會想出名嗎？如果想，你希望用哪種方式出名？

③你曾經在打電話之前先演練要說什麼嗎？原因是什麼？

④「完美的一天」對你而言是怎樣的一天？

⑤你上一次唱歌給自己聽是什麼時候？上一次唱歌給別人聽又是什麼時候？

⑥如果你可以活到九十歲，而你能選擇保有三十歲的身體或心靈，你會選擇哪一個？

⑦你對於自己將如何死去，是否有著某種神祕的預感？
⑧舉出三個你跟你的搭檔的共通點。
⑨人生中的什麼事物最令你覺得感激？
⑩在你的成長過程中，如果你可以改變一件事情，那會是什麼？
⑪花四分鐘，盡可能詳細地告訴搭檔你的人生故事。
⑫如果你可以明天一覺起來就獲得某種特質或能力，你希望那是什麼？

十五分鐘一到，兩名受試者就要進入第二組問題。跟之前一樣，同組的人輪流閱讀並回答問題，為時十五分鐘，能做幾題算幾題。

第二組問題

①如果某顆水晶球可以告訴你關於你、你的生命、你的未來，或是任何一件事情的真相，你會想知道什麼？

②有沒有什麼是你一直夢想要做的事情？你還沒有去做的理由是什麼？
③你人生中最大的成就是什麼？
④你在友誼中最看重的是什麼？
⑤你最珍視的回憶是什麼？
⑥你最糟糕的回憶是什麼？
⑦如果你知道自己會在一年後突然死去，你會改變現在生活中的任何一件事嗎？為什麼？
⑧對你來說，友誼的意義是什麼？
⑨愛與溫情在你的生命中扮演什麼角色？
⑩輪流分享搭檔在你心目中的優點。一人說五種。
⑪你的家人之間關係親近和溫暖嗎？你覺得自己的童年有比大部分其他人更快樂嗎？
⑫你感覺自己跟母親之間的關係如何？

十五分鐘後，進入最後一組問題。

最後一組問題

①用「我們」造出三個符合實情的敘述。比方說，「我們都在這個房間裡感覺到……」

②補完下列句子：「我希望我身邊有個人可以分享……」

③若想跟你的搭檔變成親近的朋友，請分享你最需要讓對方知道的事情。

④告訴搭檔你喜歡對方的點；要非常坦誠，跟對方說些你通常不會跟初見面之人說的事情。

⑤跟搭檔分享你生命中一次尷尬的經驗。

⑥你上一次在別人面前哭泣是什麼時候？自己一個人哭又是什麼時候？

⑦跟搭檔說一件你目前很欣賞對方的事。

⑧對你來說，有沒有什麼不能開玩笑的嚴肅事物？

⑨如果今天晚上就是你的死期，而且你已經沒有再跟人溝通的機會，你會最後悔沒有把什麼事情告訴別人？你還沒有說出口的理由是什麼？

⑩你的家陷入了火海，包含你擁有的所有東西。在把家人和寵物都平安救出來之後，你還有時間衝進去拿一樣東西出來，那東西會是什麼？為什麼？

⑪在你所有的家人中，誰的過世讓你最不能忍受？為什麼？

⑫跟搭檔分享一個私人的困擾，請教對方會怎麼處理。同時也請搭檔告訴你，在他們眼中，你對這個困擾有什麼樣的感受。

艾朗夫婦進行了實驗，以檢視這套做法的效果如何。[9]他們請了數百名陌生人進行簡短的交談，當中某些人會遵照上述三十六個問題的架構。然後，在雙方互動的尾聲，這些陌生人會回報他們與交談搭檔的親近跟連結程度。

這只是兩個素昧平生的陌生人之間一場短短四十五分鐘的交流。跟平日需要建立社會連結的數週或數月相比，簡直是九牛一毛。

但即便如此，這種純粹建立在問題上的互動卻產生了巨大的效應。較之單純隨便閒聊的組合，按照問題去互動的組合變得更為親近，連結也更強。相對於他們的其他人際關係，包括朋友、家人等等，受試者回報他們跟剛認識的搭檔已經有著算是中等的親近感。

除此之外，這種做法的效果也未因為兩人的起點有所差別。不論他們是本來就有點相似的人，還是天差地遠的兩個人，這些問題都同等有效。就算是兩個價值觀不同、對事物的喜好不同，甚至是政治傾向不同的人，這些問題都有助於拉近兩人的距離，讓他們產生更多聯繫。

從那之後，這所謂的「快速交友」技巧已經為數以千計的陌生人搭起了情感的橋梁。艾朗在他的演講或新生課堂上慣常地使用這些問題來協助人與人產生連結。也有人將這些問題應用在建立跨種族的友誼和降低偏見。[10]甚至在某些警察和社區成員之間關係緊張的城市中，這些問題還曾被用來提升雙方之間的信任和理解。

這些問題能創造出的效果固然有趣，但同樣令人興味盎然的是它們為什麼會有效。一定要用這些問題嗎？換成另一批問題，人際關係也一樣能被拉近嗎？如果不行，那這些問題和其排定的順序有什麼特殊之處，能發揮如此的影響力？

第一個問題沒什麼好說。不，不是什麼阿狗阿貓的問題都可以扮演人際的黏著劑。陌生人在進行平凡無奇、漫無目標的閒聊時也一樣會互問問題的（你去年的萬聖節是怎麼過的？你今年夏天在做什麼？），但這些問題就無法以同等的效力去拉近人與人的距離。

親近關係的發展往往涉及自我揭露。最後成為朋友或伴侶的人都不是一開始就如此。他們的起點也是客套寒暄，也是言不及義地閒聊，也是為了不冷場而尬聊。

但能不能從這樣的起點走向更進一步的關係，就要看我們能不能有所突破，看我們能不能跨越只是客套閒聊的對話，進入更有深度的交流。所謂的深度交流也就是我們要袒露自己的某些事情，也得知對方的某些事情，並且真正地產生聯繫。

而問問題就可以幫助我們做到這一點。只不過不是所有的問題都可以，我們需要的是深刻而有探索性的問題，像是：「如果今天晚上就是你的死期，而且你已經沒有再跟人溝通的機會，你會最後悔沒有把什麼事情告訴別人？你還沒有說出口的理由是什麼？」

這些問題跟你那些機械式的「最近怎樣？」或禮貌性問人家這週末要做什麼，是兩碼子事情。這些是硬碰硬、拷問靈魂，敦促人去動腦、反思、並得出一個有意義答案的問題。

這類問題會引導人敞開心胸。比起拿天氣或其他淺薄的話題作文章，這類問題會帶人進入深水區。它們會醞釀出自我揭露與自我開啟的過程，會鼓勵人去表達真實的自己。

此時一個直覺的想法會是，那我們幹嘛不跳過客套寒暄的環節。別閒聊了吧，直接快轉到這些深邃而直視靈魂的問題就好了。

但問題來了。想像有個你才認識兩分鐘的人問你最後悔死前沒有把什麼事情說出來，你會怎麼回應？你會滿心樂意地回答問題，在剛認識的人面前掏心掏肺嗎？

應該不會吧。

事實上，我們多半會找個理由退出這場對話。或者如果我們真的回答了，也只會說些場面話。因為我們還沒辦法坦然自在地分享這些事。我們跟對方就是不熟，有些話就是說不出口。要能夠真實而深入地自我揭露，就是需要一定程度的社交連結作為基礎。

而這就是最大的挑戰所在了。深刻的自我揭露需要社交連結基礎。但要取得這一社交連結，我們又必須先進行一些自我揭露。

這種雞生蛋蛋生雞的難題，就部分說明了何以「快速交友」程序的效力如此令人驚豔。比起一頭栽進沉重的正題，「快速交友」可以讓人慢慢進入狀況，鼓勵人循序漸進地揭露自我。

最一開始的問題稱得上人畜無害；廣泛而輕鬆愜意的問題像慢速壘球一樣被丟過來破冰。誰都可以的話，你想跟誰共進晚餐？這種問題既有趣又沒有什麼門檻。這問題不會感覺太私密、太個人，所以就算要我們跟剛認識的人分享我們的答案，也一樣輕輕鬆鬆沒有負擔。

這問題一方面相當安全，一方面其答案又能打開一扇窗，讓我們稍稍窺進一個人的內心世界。不論你的搭檔選的是美國職籃巨星雷霸龍、羅馬教宗、愛因斯坦，還是馬丁路德金恩，你都能從中稍稍了解他們這個人跟他們的價值觀，比方說他們可能喜歡體育、重視宗教、熱愛科學，或是很在乎社會正義。這或許不能告訴你這個人的全貌，但至少開始建立了一個基礎。

而且就是這一丁點自我揭露，這一點微小的線索，讓你的搭檔有動力禮尚往來。他們會願意在答案中透露一小部分的自己，而這又會反過來鼓勵你多透露一些自己的事。在這樣的循環之上，雙方的連結也就慢慢建立起來。

相互平等的示弱可以培養出親近感，但要達到兩人願意對彼此放下防備的程度談何容易。每個人都會害怕展現自己的真心、害怕吐露太多心聲，或害怕付出得不到回報。很多人都願意當第二個人去給予回應，但願意率先跨出第一步的人就少得多了。

「快速交友」的這些問題正有助於解決這一點。這些問題的步伐不會太大，但也不會太小。它們先是穩紮穩打，再循序漸進地走入互相探索與互相揭露的過程。由於雙方都得輪流回答，這些問題可以確保兩人都做出了貢獻，共同加深彼此間的信任。這種連續不斷、由淺入深且有來有往的自我揭露強化了人際連結，並且能夠拉近任何兩個人的距離。

用文字施魔法

常有人說沒有所謂的蠢問題，但那並不表示問題沒有優劣之別。問題可以協助我們蒐集資訊，但問題也會傳達出關於我們自身的事，問題能夠導引對話的方向，也可以促成社交連結的建立。由此，我們需要搞清楚該在什麼樣的時機，提出什麼樣的問題。

以下五個指導原則供你思考：

① **勇於求教**。向他人徵詢建議不僅可以讓你取得有用的見識，還能讓你顯得更聰明。

② **打蛇隨棍上**。問問題能為我們的形象加分，能促成正向的互動，但延續性問題又是其中最有效的一種。因為它們能讓人感覺到我們正投入其中，並且興致勃勃還想知道更多。

③ **四兩撥千斤**。遇到有人提出一個讓我們為難的問題，我們可以丟一個與之相關的問題回去，藉此把對話轉移到不同的方向，如此我們既不會顯得冷淡而失禮，又

可以守住切身的資訊。

④ **不要想當然耳**。覺得對方有可能隱瞞什麼負面資訊，並想問出端倪時，要小心別在問題中假設一切都沒問題，免得讓有心人有漏洞可鑽。

⑤ **穩紮穩打**。深度的自我揭露必須以社交連結作為前提，而建立社交連結的前提是安全感。所以為了深化社交關係，或是和陌生人變成朋友，我們必須由簡單處著手，再逐步深入去進行雙方平等、有來有往的自我揭露。

知道該在什麼時候問些什麼，將有助於我們給人留下好印象、蒐集到有用的情報，以及跟身邊的人培養出意義深遠的友誼。

了解了問題之後，還有一種神奇的咒語值得我們關注，那就是具體性的語言。

1 Alison Wood Brooks, Francesca Gino, and Maurice E. Schweitzer, “Smart People Ask for (My) Advice: Seeking Advice Boosts Perceptions of Competence,” *Management Science* 61, no. 6 (2015): 1421–35, https://doi.org/10.1287/mnsc.2014.2054.

2 當然天底下沒有完美的招數，發問這一招也同樣有其侷限性：對方不懂的東西不要問，你明明自己就可以解決的事情也不要問，否則反效果就會出現。

3 Daniel A. McFarland, Dan Jurafsky, and Craig Rawlings, “Making the Connection: Social Bonding in Courtship Situations,” *American Journal of Sociology* 118, no. 6 (2013): 1596–1649.

4 Karen Huang et al., “It Doesn’t Hurt to Ask: Question-Asking Increases Liking,” *Journal of Personality and Social Psychology* 113, no. 3 (2017): 430, https://doi.org/10.1037/pspi0000097.

5 Klea D. Bertakis, Debra Roter, and Samuel M. Putnam, “The Relationship of Physician Medical Interview Style to Patient Satisfaction,” *Journal of Family Practice* 32, no. 2 (1991): 175–81.

6 Bradford T. Bitterly and Maurice E. Schweitzer, “The Economic and Interpersonal Consequences of Deflecting Direct Questions,” *Journal of Personality and Social Psychology* 118, no. 5 (2020): 945, https://doi.org/10.1037/pspi0000200.

7 Julia A. Minson et al., “Eliciting the Truth, the Whole Truth, and Nothing but the Truth: The Effect of Question Phrasing on Deception,” *Organizational Behavior and Human Decision Processes* 147 (2018): 76–93, https://doi.org/10.1016/j.obhdp.2018.05.006

8 有人可能會納悶的是問這麼嗆的問題，會不會導致人際關係的緊張。這種問題或許真能問出實情，但這也會讓發問者變成壞人：凶巴巴、顧人怨、氣焰囂張。但事實證明不至於如此。事實上，問出這種問題並沒有讓發問者的形象變差，一點都沒有。

9 Arthur Aron et al., “The Experimental Generation of Interpersonal Closeness: A Procedure and Some Preliminary Findings,” *Personality and Social Psychology Bulletin* 23, no. 4 (1997): 363–77.

10 Elizabeth Page-Gould, Rodolfo Mendoza-Denton, and Linda R. Tropp, “With a Little Help from My Cross-Group Friend: Reducing Anxiety in Intergroup Contexts Through Cross-Group Friendship,” *Journal of Personality and Social Psychology* 95, no. 5 (2008): 1080, https://doi.org/10.1037/0022-3514.95.5.1080.

第四章

善用具體性

幾年前，我正在前往機場的路上，收到了所有旅人都視之如夢魘的簡訊：我的班機被取消了。我已經在外頭奔波了兩天，只能說歸心似箭，所以現在這個狀況可以說是我非常不樂見。再說，我之所以挑選這班飛機，就是因為時間能讓我趕得上回家哄小朋友睡覺，這一取消，我既犧牲了與這趟出差的諮商客戶多聊一會兒的時間，又沒有換得跟孩子的天倫之樂。我現在只能坐困機場，進退兩難。

更嘔的是航空公司雖然幫我重訂班機，但他們訂的不是當天稍晚的直飛航班，而是直接把我安排到隔天的轉機航班。這下子我真的火了。我於是一通電話打給了客服，只想趕快把事情擺平。

電話另一頭的客服人員一點也沒幫上忙。他們既沒有好好聽我說話，也沒有搞懂我的問題，只是照著彷彿寫好的劇本在走，用一句句機械式的台詞在「關心」我，但我一點都沒有被關心到的感覺，也沒獲得實際的幫助。就這樣經過二十分鐘的雞同鴨講後，我好不容易才被放進當晚的直飛候補名單上，但那時我已經氣到不想氣了。

當時車上那位親切的 Uber 駕駛在被迫旁聽完這場鬧劇後，表達了他的慰問之意，我們就這樣聊了起來。我告訴他我有多挫折，但也提到了我覺得那些得每天處理這些鳥事的客服很慘，班機被取消也不是他們的錯，但他們卻得站在第一線，一整天面對像我這樣的憤怒客人。我不是第一個，很顯然也不會是最後一個。

這在我看來是一份苦差事，但開 Uber 的大哥卻覺得正好相反。他提到他女兒也在某航空公司當客服，而且做得很開心。事實上，他女兒把來電的客人伺候到眉開眼笑的本領實在太高超，讓公司幫她升了官，負責去指導其他客服該如何應對。

我先是感到驚訝。在這種局面下要讓客人開心感覺像是不可能的任務。大部分人會打電話給客服，理由不外乎班機取消、班機延誤、行李搞丟，而身為客服總不可能一彈指就神奇解決掉所有問題。

但經過一番思考，我開始在腦中冒出一個問題：他女兒果真這麼能化腐朽為神奇，那她究竟都說了些什麼？除了客服權限內的服務（例如補償客人抵用額度或者改班機），難道她還有什麼溝通上的法寶可以讓客人心滿意足？

為了研究這個問題，葛蘭特．派克跟我針對一家大型線上零售業者，統整了總共數百通客服電話的資料集：[1] 阿肯色州有客人的行李箱鎖住了打不開；聖路易有人的鞋子是瑕疵品；沙加緬度有人買了尺寸不合的襯衫要退貨。

在一家逐字稿公司與一個研究助理團隊的協助下，我們把錄音轉成了數據。我們把通話內容轉譯成文字，區分開了客服與客人的發言，甚至於還測量了音高與語氣等口語特徵。

不同的客人有不同的來電理由，但不少來電都是循著熟悉的劇本開展。客服自我介紹，客人描述他們遇到的問題，然後客服試著排除問題，包括幫忙搞清楚行李箱為什麼鎖死，釐清鞋子的品質有什麼問題，還有協助客人進行退貨程序。客服人員會查詢系統規定，或者跟經理對談，如此用各種方式取得他們需要的資料。然後在費一番工夫解決了問題之後，他們會解釋自己查到了什麼或做了些什麼，詢問客人還有沒有其他問題，最後祝客人一切順利。

但雖說這些對話有著大同小異的架構，其結果卻可以截然有別。有些客人對服務相當滿意，覺得客服幫了大忙，有些呢，就真的還好。

不難想像，通話結果的好壞在一定程度上取決於客人來電的緣由。有些人來電是因為帳號有問題，有些人來電是因為訂單有問題。簡言之，每個人來電提出的問題有大有小。

但即便是排除掉來電問題性質、顧客的人口統計屬性，還有許許多多其他因素的影響，客服的說話技巧也絕對有著不容小覷的重要性。某些特定的說話方式就是能提升客戶的滿意度。

而想了解這是種什麼樣的說話方式，我們就必須了解第四類咒語：所謂的「語言具體性」。

關於語言具體性，我們有三招可用：（一）讓人覺得被聽見；（二）把抽象變具體；（三）適時抽象一點。

如何讓人覺得被聽見

有些東西是扎扎實實的存在。門板、桌子、椅子和車輛，這些都是明確而有形、看得到也摸得到的物體。聽到這些字眼，你很清楚所指何物，也不難在腦海中想像它們是什麼，生得什麼模樣。畫出一張桌子，是五歲小孩也做得到的事情。

但有些東西，就不是這回事情了。比方說愛、自由和意見，都是沒有形體的概念。而因為沒有形體，所以它們並不好掌握。它們不是占據空間的物體，所以我們無從碰觸到它們，同時我們也比較難以在腦海中賦予它們形象。假如請人把「民主」畫下來，很多人會腦子一片空白，因為根本沒有人知道民主長得什麼模樣，或者說民主根本就沒有特定的模樣。

惟除了某些東西生來就比較具體以外，許多東西是要看情況的——這些東西可以被說得具體一點，也可以被說得不那麼具體。

就拿腿上穿的丹寧布來說好了，它可以大略被描述為褲子，也可以具體地說成是牛仔褲。派可以說是真的好吃，也可以說是好吃到讓人垂涎三尺。一件事情可以直接貼上「數位轉型」的標籤，也可以描述成「讓顧客得以在線上買到實體店面裡的商品」。整個看下來，後者（牛仔褲／垂涎三尺／讓顧客在線上買到實體店面的產品）都更為具體，亦即更為明確、生動、容易想像。

同理也適用於我們在研究中檢視的客服流程。顧客要找一雙鞋，客服人員可以說他們會去查找那件商品／那雙鞋／那雙萊姆綠的耐吉球鞋。顧客問起配送事宜，客服人員可以說包裹會被送抵那裡／您的住址／您的家門前。顧客要退費，客服人員可以說顧客將會收到／收到退款／收到要退給您的金額。

同樣地，在這三個例子中，愈後面的版本愈用上了具體的語言。那雙萊姆綠的耐吉球鞋要比那件商品具體。您的家門口比那裡具體。收到要退給您的金額會比收到退款更具體，而收到退款也比只是說收到更具體。愈往後，遣詞用字就更加明確、具象而真實。

這些調整可能給人感覺只是在玩文字遊戲，但這確實會對顧客獲得的服務體驗產生重大的影響。

使用具體的語言，可以顯著提高客戶滿意度。客服人員使用的語言愈具體，顧客就愈會滿意於雙方的互動，也會覺得客服人員幫上了自己的忙。

而語言具體性的好處還不光是讓客戶的感受變好。我們在分析過近千筆取自各家零售商的電郵互動後，發現了具體的語言對購買行為也有類似的效果。某零售業者的員工若在電郵中使用了較具體的語言，顧客在接下來數週對該零售商的消費金額就會增加百分之三十。

空口白話或許不值錢，但用在這裡卻能幫公司平白多賺錢。

不論是要替客人解決問題，還是要賣東西或提供服務，第一線的員工都得每天接洽不下數十名顧客。電話客服中心的人員一通接著一通，協助著客人處理有瑕疵的行李箱或網站登入的問題。零售業的員工替一位又一位的客人查找外套或退還褲子。業務員往往得一場推銷會議開完又趕赴另外一場，向各種客戶宣傳自家的產品。

在這些場面中，人一不小心就會變成說來說去都是那幾句的鸚鵡。「我很樂意協助這個問題」或「很抱歉這個問題造成您的不便」，也不管所說的這個問題是牽涉到一件外套、一條褲子，或是什麼東西。這種抽象而模糊的回應，是可以節省時間跟力氣，畢竟這幾乎是一種萬用的模板。

但這種看似毫無破綻的萬用語，其實也有著缺陷。

想像你今天在買衣服。你看上了一件 T 恤，但找不到你要的灰色，於是你請來兩名店員幫忙。其中一個人說「我去看看還有沒有」，另一個人說「我去看看那件 T 恤灰色的還有沒有」。如果一定要二選一，你會覺得哪一名員工比較有在聽你說話？

我們拿這樣的問題去詢問了數百人，結果第二種較具體的回答（「我去看看那件T恤灰色的還有沒有」）完勝第一種。第一種萬用的回答（「我去看看還有沒有」）可說適用於任何情況，但萬用就代表這說法既不明確也不具體。而這麼一來，你就沒辦法確認說話的人到底有沒有在認真聽。

人，不論是不是顧客身分，都希望感覺被人聽見。當一個人打電話給客服、在商店裡要求跟經理談談，或是心事重重地走進辦公室，他希望的是感覺到有人願意傾聽他們的問題，處理他們的問題。

但要讓人感覺獲得傾聽，有三項前提必須成立。第一，他們必須覺得對方注意自己說了什麼。第二，他們必須覺得對方理解自己說了什麼。然後第三，這個「對方」必須證明自己真的有在聽。

其中第三點最為關鍵。想像你在跟某人說話，而這個人始終沒有提供回應。他可能其實每句話都有在聽，可能也徹底聽明白了每一句話。但要是沒有某種外顯的訊號顯示他真的有在聽，那你就不可能有辦法知道。

所以說，光聽是不夠的。要人感覺到被聽見了，我們必須主動讓他們知道我們聽到了。我們必須透過某種回應去展現出我們有在注意他們說了什麼，而且都聽明白了。

而這就是何以具體的語言會如此寶貴。一名客服人員或許有專心聽客人說話，也把客人的困擾聽明白了，但如果他沒有用外顯的訊號讓客人知道以上這兩點，客人是沒辦法通靈的。

具體的語言，就可以提供那種「外顯的訊號」。使用明確而具體的語言去回應客人，可以讓客人明白你不光是做做樣子而已，你是真的有花心思在注意跟理解他們所說。換句話說，你有在聽。

具體的語言可以推升顧客的滿意度，也能讓他們更願意消費，因為這類語言可以讓顧客覺得客服或店員有在傾聽他們的需求。要滿足客人各種天馬行空的個別需求，聽懂是一定要的，但注意跟理解只是傾聽中的兩個基本環節，你還得用具體的語言去回應客人才能功德圓滿。具體的語言能夠表現出你的用心傾聽。[2]

傾聽固然要緊，但如果你的目標是要讓對方滿意，那就不能自己知道自己懂了就算了，讓對方知道你懂了也同樣重要。就算伴侶跟客人的話我們聽到了，我們也還是得用回應去證明我們聽到了，才能讓他們把這件事內化到心裡。而具體的語言就能做到這一點。

當另一半說起今天上班很不順，你可能隨口就會回答「辛苦了」或「也太慘了吧」，但這種虛應故事的回答恐怕達不到預期的效果。這些回答太過籠統，沒有辦法表現出你真的關心。

這時候你需要的是具體的語言。「你們副總遲到四十五分鐘？太誇張了吧」或「投影機突然不能用真的會超麻煩」。這類具體語言所代表的，是你有在聽，你也在乎他的感受。

同理也適用於與客戶間的互動。使用具體的語言可表現出我們對具體細節的理解，以及我們能夠針對這些細節做出行動或回應。

讓人知道我們有在聽，是具體語言的好處之一，但這種語言的本事可不僅如此而已。

比方說，使用具體的語言去呈現概念，會讓這些概念更易於了解。[3]和上述類似地，在分析過數以千計的技術支援網頁後，我們發現上頭使用的語言愈具體，用戶對網頁實用度的評價就愈高。較之比較抽象的語言（「關於安全性部分信任允許列表」），使用更加具體的語言（「如何開啟分開式鍵盤或浮動鍵盤」或「查看電池並為手錶充電」）會讓讀者更容易明白這段內容是在講什麼，也更能透過內容去排除自身遇到的問題。

具體的語言也能讓事物更有記憶點。讀者往往比較能記住具體的措辭（「生鏽的引擎」）與具體的文句（「當飛機在跑道上往前奔馳，乘客向後傾倒並緊貼在椅背上」），而比較難記住抽象的字句（「可用的知識」或「移動的空氣會推動與氣流呈現一個角度的表面」）。[4]

所以說不令人意外地，使用具體的語言可以讓人收穫各式各樣的好處。具體的語言可以吸引眾人的注意力，可以爭取支持，還可以推動你希望看到的行動。[5]

事實上，語言上的具體性甚至可以影響假釋委員會的裁定。受刑人在為他的行為表達懺悔時，對自身過錯提出較具體說明的人，也更有機會獲得假釋。

把抽象變得具體

既然具體語言有這種種好處，難免會令人納悶起一件事情：為什麼我們沒有卯起來用它？畢竟如果具體的語言可以讓事情好理解、好記住、爭取到好印象，那我們豈不是應該在書面或口語中都徹底揚棄抽象語言了嗎？

在表達某種概念時，我們往往會對自己要講的東西知之甚詳。業務員對自家產品或服務的優點可以如數家珍，教師對他們教學的素材瞭如指掌，企業經理跟他們構思出來的新企畫朝夕相處了好幾個月，早就了解得鉅細靡遺。就某些方面來講，這種知識是一種福氣。把一項產品或服務的裡裡外外都摸個透徹，我們就可以瞄準特定的潛在客戶提出最強大的賣點。對特定科目擁有深厚的素養，我們便能旁徵博引來幫助學生理解其內涵。而花上長時間斟酌一個新的企劃，我們也會更清楚在執行面上需要補強些什麼東西。

但知識是一種福氣之餘，也可以是一種詛咒。因為人一旦對某件事情太熟悉，他們就會想不起來不熟這件事情是什麼感覺，就很難去想像對這件事並非知之甚詳的人是什麼感受。

在推估他人知道什麼、不知道什麼的時候，人常會用自己的知識量作為基準點。我們會假設其他人知道得跟我們一樣多。比方說在跟同事聊到某個新企畫時，經理人會使用自身的理解水準來錨定所有人的狀態。數位轉型當中所有的眉眉角角，對我來說都是小菜一碟，所以其他人肯定也有類似的豐富經驗，他們肯定也輕輕鬆鬆就能理解這個企畫。

在這種預設之下，我們常會用縮寫、簡稱和各種術語來進行溝通。畢竟只要是專家，應該都不會對那些名詞或說法感到陌生。

但我們忘記了一件事，我們是我們，別人是別人。一件事我們說得琅琅上口，不代表其他人也能信手拈來。我們花了很多時間去思索一件事情，或者原本就掌握很多相關知識，並常常因此難以體認到別人並不站在相同的立足點。

正因為忘了設身處地替別人想，我們常會想到什麼就脫口而出。回想一下你上次跟理財專員面談或跟修車師傅對話的場面就知道了。他們可能會說起某種投資「不是真正意義上的待繳資本」，或是聊到「這支傳動軸只能支撐原廠的馬力和扭力，但目前車子的動力輸出是遠遠高於原廠設定」。這些術語對他們就跟呼吸一樣自然，但我們卻感覺好像在聽外星語。

這種詛咒有個名字，而且是個恰如其分的名字：知識的詛咒。[6]這之所以是一種詛咒，是因為我們知道的愈多，我們就愈會以為別人知道的也很多，然後我們就會開始把話說得愈來愈讓別人聽不懂。

他們聽不懂，是因為太抽象了。

人對一件事情懂得愈多，他們在思考的時候就會自然而然愈趨於抽象。尋求問題的解決方案，會變成一種「概念發想」。去確定人們為何要向你買東西，變成在「定義價值主張」。而泰勒、瑪麗亞、戴瑞克與數以百計的新員工，都會變成公司的「人力資本」。一間公司的使命宣言、行銷計畫與說明企業文化的文件中，滿滿都是這一類的語言。

而這並不是商業界獨有的現象。同樣的問題幾乎是所有行業的通病。修車師傅有修車師傅的行話，老師有老師的術語，理專有理專的專有名詞。就連名醫也經常是很糟糕的溝通者。他們或許明白病人有什麼問題，但解釋起病情卻抽象到一個不行，

較籠統		較具體
褲子	➔	牛仔褲
退款	➔	退還的金額
家具	➔	茶几
那件商品	➔	T 恤
真的好吃	➔	好吃到讓人流口水
好人	➔	溫暖的人
去	➔	走去
解決	➔	處理

以至於治療方法聽在患者的耳裡就像是一個謎（比方說要病人「調整生活方式」，其實意思就是要人多運動罷了）。

我們需要把抽象變成具體。不論說話的對象是同事或客戶，是學生或業務員，是病患還是專案經理，我們都需要使用具體的語言去把抽象的概念化為真實。如此我們才能幫助他人明白我們在說什麼，並按我們所說的採取行動。

比起「裝置」，說「手機」會比較好懂。光說那是輛車有點太籠統，你可說那是輛酷炫的紅色敞篷小跑車，其形象就一下子鮮明起來了。與其說你要「去」後面找大一點的尺寸，你可以用比較好想像和明確的語言來說明（你可以說你要「走去」後面去找「L號」的），這樣消費者就更相信你會認真幫他們處理問題。

下面我還會提到更多「籠統／具體」的對照範例，還有大家可以去 http://textanalyzer.org/ 玩玩看，該網站可以測試各種文本的具體程度。

適時抽象一點

至此我們說明了具體的語言有哪些好處。具體的語言能代表我們在聽，能讓事情變得好理解，甚至有助於讓我們的道歉傳到別人心坎裡。

但具體的語言就這麼完美無缺嗎？會不會在某些狀況下，抽象一點才是上策呢？

不論你望向何處，都會有一家有著高額估值的新創公司在朝你眨眼。二〇〇七年，布萊恩．切斯基（Brian Chesky）與喬．蓋比亞（Joe Gebbia）付不出他們在舊金山的公寓租金，於是他們把客廳地板上的充氣床墊租給來市區出席一場大型設計研討會的人暫住。如今他們那家叫作 Airbnb 的公司價值一千億美元。兩個朋友在抱怨計程車很難招，於是他們把這個想法變成了一個叫車 app，也就是 Uber，其價值現在也跟 Airbnb 不相上下。Dropbox、DoorDash、Stitch Fix、ClassPass、Robinhood、Warby Parker、Grammarly、Instacart 與 Allbirds 都屬於價值超過十億美元的獨角獸新創企業，像這樣的企業總共有上百間。

但在一家新創公司化身獨角獸之前，創業者首先必須完成的一項工作就是募集資金。除了腦袋裡的點子以外，他們還必須說服初期投資人投入資金，好讓他們可以開始打造一間公司。

而募資很困難。知名的科技新創加速器 Y Combinator 每年會收到不下兩萬家新創公司的申請，但他們能資助的目標不到兩百家。大部分創投基金資助的對象比這還要少。

公司的創始團隊得設計自我推銷的投影片、擬定簡報的內容、繳交資金申請書，但最終是什麼決定了某些自我推銷成功而其他失敗呢？為什麼有些人能獲得金主青睞而其他人不行呢？

二〇二〇年，哈佛商學院的一名教授跟她的同事們分析了一年份的資金申請案。[7]某家創投業者正在尋找入股的標的，他們想要找一家有興趣擴大規模的早期公司，然後成為其股東。換句話說，他們在找的是長線成長可期的初生之犢。該創投願意初始投入每家公司高達兩百萬美元，且後續幾輪的投資還可能加碼到五百萬美元或甚至上千萬美元。

可想而知，他們收到了如雪片般飛來的申請——超過一千家，遍及科技業、金融業、醫藥業與B2B服務等各個領域。申請資料中除了公司本身跟創始團隊的相關介紹外，還有該公司所從事業務的執行摘要。

有家新創公司的業務是生產偵測血液中酒精濃度的穿戴式裝置，而他們的摘要內容是：

> 大部分社交飲酒者都知道那是什麼感覺：一夜狂歡後，才在醒來時悔不當初，他們巴不得能回到過去，讓自己少喝一杯也好⋯⋯他們可能苦於宿醉⋯⋯

可能飲食計畫告吹……〔或者〕喝到記憶有些模糊。但他們並沒有酒癮；他們不想從此滴酒不沾，但他們希望有一種工具，可以幫他們找到那條把開心喝酒跟痛苦醒來隔開的線。〔我們可以給〕他們那種工具。

專事設備租賃的金融科技業者則有以下的提案：

〔我們的目標〕是發展出一款快速的解決方案，供中小企業因應預計將在未來四、五年內發生的租賃會計準則變遷……現行的租賃會計規範制定於三十年前，而舊制讓承租人得以把大部分的租約放在資產負債表之外。這些規定長年受到批評……因為它們並不能反映企業真實的財務狀況。近期一份美國會計準則委員會（Accounting Standards Bodies ；隸屬於美國註冊會計師協會）的揭露草案已經針對這個問題提出了處理辦法，他們要求承租人將所租用的設備資本化。換句話說——將那些設備納入資產負債表。

投資人讀過了所有的提案，然後開始思索該怎麼做。他們一一評估各家新創公司的成長潛力（有沒有機會做大），並且定奪要不要考慮放入注入資金的潛在名單。

為了解是什麼在推動注資的決定，研究者們檢視了各式各樣的因素。他們衡量了各家新創所屬的產業、是做企業還是消費者的生意、是屬於製造業還是服務業，乃至於創始團隊的規模。

不令人意外地，業務本身的各個面向扮演著要角。某些產業被視為具有高成長性，而某些產業則略低一些。同樣地，這些新創所提供的項目也非常要緊。比起提供服務，製造產品被認為更有機會規模化。

然而，在公司及其所屬的領域本身以外，研究者還分析了其爭取投資的提案內容——申請者都說了些什麼，還有他們是怎麼說的。

可能很多人會覺得提案時的語言不至於那麼關鍵。畢竟一項投資的成功與否，主要還是得看公司從事什麼業務，或是看他們有沒有一支實力堅強的領導團隊。

但如果排除掉這些因素的影響，我們便能看出提案的語言對於募資的成敗，其實有著相當的重要性。語言偏向抽象的提案會讓準投資人感覺新創公司有更強大的成長潛力與規模化的能力。抽象語言同時也提升了新創公司獲得注資的可能性，有更高機會擠進首輪投資候選人的窄門。[8]

就某些方面而言，這還挺令人訝異的。畢竟創投家都是身經百戰的老將，他們投資過的新創公司不下數十家，累計金額更是以億計。他們看過企業以身價數十億美元之姿上市，也曾眼見創業概念在短短幾個月內土崩瓦解。所以說新創創辦人可以光憑語言去左右創投家的決策，怎麼想都讓人有點吃驚。

但更讓人吃驚的是哪種語言能發揮這種效果。剛剛不是才說具體的語言可以促進了解、強化記憶，外加一大票好處嗎，怎麼現在又變成不那麼具體（也就是比較抽象）的語言有助於募資？

欲知這個問題的答案，得先知道具體的語言傳達出了哪些關於「潛力」的訊息。如先前所說，具體的語言常關係到物體、行動與事件中可觀察到的面向。也就是存在於這個當下，我們可以看到、摸到、感覺到的各種事物。

所以說，具體的語言經常都很實用。具體的語言可以幫助人去視覺化別人所說的內容，協助他們理解複雜的主題。比方說在提案語言的語境中，使用具體的語言應該能有助於潛在投資人理解一家公司究竟是做什麼的，同時也讓他們明白公司立即想要解決的目標問題是什麼。

但在決定要不要投資一家新創公司時，理解事實並不是準投資人的主要目標。他們想要的不是搞懂一家公司，而是推估該公司的潛力——他們想知道的不光是這家新創能不能活下來，而是這家公司能不能蒸蒸日上。這家新創在未來有所成長的機會有多高？不光是略微成長，而是大幅度成長？這家新創的模式是否能輕易地規模化？

而雖然具體的語言可以有效幫助理解，也讓複雜的主題變得好消化，但當今天你是要描述一家公司的成長潛力時，抽象的語言會是更好的選擇，因為相對於具體的語言聚焦在當下的有形事物，抽象的語言則能讓人看見更宏大的藍圖。

就以 Uber 這家舉世知名的叫車 app 業者為例。當 Uber 在二〇〇九年成立時，我們可以精準地如此描述其業務：「一個讓人更輕鬆找到計程車的智慧型手機應用程式，藉由乘客與駕駛的媒合來縮短等待時間。」這樣的描述在精準度上能拿到一百分，聽的人能夠充分理解這家公司是做什麼的。這段話非常具體，使用了非常明確的語言協助聽者了解 Uber 業務的本質。

但 Uber 不是只能用這一種方式形容。事實上，Uber 的一名共同創辦人就給了這間公司很不一樣的定位。他將 Uber 描述為「一款方便、可靠、每一個人都能輕鬆享用的交通解決方案」。

就某種意義上而言，這兩種描述的差異相當細微。兩種描述都指出了 Uber 所處的大致領域，還有 Uber 想要提供的服務。

但第一種描述相當具體，創辦人實際為這間公司提出的第二種描述則抽象得多。與其把重點放在叫車本身，變成比較狹隘的說法，稱呼 Uber 是一種「交通解決方案」更能提升 Uber 的格局，讓人可看見這間公司所因應的更廣泛問題。

正因如此，Uber 拿到了更多投資，因為這讓 Uber 的潛在市場變得廣大許多。叫車 app？我是能想到某些人在某些狀況下需要這種東西。

但交通解決方案？哇嗚，這感覺就廣泛多了。很多人跟很多企業都用得上這類東西，而且這似乎擁有很多種應用面向。[9]

我們不光是一間金融科技的新創公司，我們是解決方案的提供者。我們不光是一種裝置的製造商，我們是生活的改善者。

與其專注在單一的利基上，抽象的語言可以放大市場。而有鑑於廣大市場帶來的更大成長潛力，一家公司也會變成更加前景可期的投資標的。

所以說，具體或抽象哪種比較好，取決於我們想達到的目的。

想要幫助人理解複雜的概念，想讓人感覺被傾聽，想讓人記得你說了什麼？那具體的語言會是你的好朋友。舉例來說，你要多用強調特定動作的動詞（如走、說、幫助、改善），而少用形容詞（如誠實、積極或熱心）。你要多提及具象的物體或使用能在腦海中召喚出形象的語言，幫助他人搞懂我們在說些什麼。

但如果想讓人覺得我們的點子具有不凡潛力，覺得我們是富有遠見的夢想家，那抽象的語言就會比較有效。

抽象語言也能讓人感受到發言者的力量，並覺得他們會是優秀的經理人或領導者。[10]使用抽象語言來描述日常的活動（如用「不假辭色」取代「不跟他打招呼」來描述忽視某人的情況），可以讓人覺得你著眼於大局，而你也會因此顯得更有力量、更不容挑戰、更有主導權。同樣地，聽到有人用較抽象的語言去形容一個產品（「高營養價值」而非「富含維他命」），也讓說話者更像是一名稱職的經理人或領導者。

抽象的語言也能跟具體語言一樣有強大的記憶點嗎？也能幫助聽者理解複雜的概念嗎？大概不能。但如果是聽者正在決定把票投給誰，或是決定把誰升為管理職的時候，抽象語言更能夠將他們引導至你要的方向。

通泛一點來講，當你想把話說得具體一點，或想說得抽象一點，有個實用的撇步是把重點放在如何或為何。

想要具體一點？那就把重點放在如何。一項產品如何能符合消費者的需求？一項新企畫如何處理某個重要問題？思考一件事是如何完成，將來要如何完成，具體性就會浮現出來。你的語言會著重在事情的「可行性」，會出現更多具體的描寫。

想要抽象一點？那就把重點放在為何。一項產品為何能符合消費者的需求？一項新企畫為何能處理某個重要的問題？思考一件事為什麼是好的，為什麼是對的，抽象性就會浮現出來。你的語言會著重在事情的「可欲性」，會出現更多抽象的描繪。

用文字施魔法

要把話說得抽象並非難事。特別是對某件事情知之甚詳時，我們往往就會用一種高層次的方式去表達我們覺得很好理解的事情。

但有個問題是，我們也常常因此錯失目標。這也是為什麼我們需要學著掌握語言具體性的力量。

①**讓人感覺被聽見**。想要讓人覺得你有在認真聽嗎？那你的用詞就要具體。用明確的細節去表現出你關注著對方，也理解了對方。

②**使用具體的語言**。別只是想到什麼說什麼，多使用聽者能夠在腦海中看見的字詞。比起一種構想，去想像一輛紅色小跑車會容易得多了。

③**適時抽象一點**。思考讓一件事情得以發生的每顆小螺絲釘，專注在特定的行為動作上，讓事情變得具體。惟雖說具體的語言有很多用處，如果我們的目標是要展現出力量，或者是要讓某件事顯得具有成長的潛能，那抽象語言就會是更好的選

擇。此時我們應該做一件事：

專注在「為何」：思考一件事背後的理由，可以有助於我們在較高的層次上傳達出一種大局觀。

總而言之，當我們想讓人明白我們說了什麼、讓他們覺得自己被聽見，或是想深化參與感，那具體的語言都可以發揮作用。

至此我們討論了文字可以如何啟動身分認同與能動性、可以如何傳達出自信、可以如何讓我們問對問題、可以如何善用語言的具體性，接著我們要來探究第五種咒語：能夠表達情緒的字句。

1 Grant Packard and Jonah Berger, "How Concrete Language Shapes Customer Satisfaction," *Journal of Consumer Research* 47, no. 5 (2021): 787–806, https://10.1093/jcr/ucaa038.

2 請注意具體的語言也同樣必須與手邊的處境相關。如果顧客抱怨的是鞋子粗製濫造，而店員的回答具體歸具體，卻與客人的不滿風馬牛不相及（「很高興能為您找到您要的外套」），那這就不會在任何層面上增加客戶的滿意度。事實上，這多半會讓客人更火大。具體的語言只有在能表達出你關心並理解對方說了什麼的情況下，才能真正發揮效果。

3 Nooshin L. Warren et al., "Marketing Ideas: How to Write Research Articles That Readers Understand and Cite," *Journal of Marketing* 85, no. 5 (2021): 42–57, https://doi.org/10.1177/00222429211003560.

4 Ian Begg, "Recall of Meaningful Phrases," *Journal of Verbal Learning and Verbal Behavior* 11, no. 4 (1972): 431–39, https://doi.org/10.1016/S0022-5371(72)80024-0.

5 Jonah Berger, Wendy Moe, and David Schweidel, "Linguistic Drivers of Content Consumption," working paper, 2022; Yoon Koh et al., "Successful Restaurant Crowdfunding: The Role of Linguistic Style," *International Journal of Contemporary Hospitality Management* 32, no. 10 (2020): 3051–66, https://doi.org/10.1108/IJCHM-02-2020-0159.

6 Colin Camerer, George Loewenstein, and Martin Weber, "The Curse of Knowledge in Economic Settings: An Experimental Analysis," *Journal of Political Economy* 97, no. 5 (1989): 1232–54. See also Chip Heath and Dan Heath, *Made to Stick: Why Some Ideas Survive and Others Die* (New York: Random House, 2007).

7 Laura Huang et al., "Sizing Up Entrepreneurial Potential: Gender Differences in Communication and Investor Perceptions of Long-Term Growth and Scalability," *Academy of Management Journal* 64, no. 3 (2021): 716–40, https://doi.org/10.5465 /amj.2018.1417.

8 這也部分說明了何以女性創辦人似乎較難募得創投資金。女性傾向於使用較為具體的語言去行銷她們此刻正在打造的業務，而男性則傾向於使用較為抽象的語言去描述一個大格局的願景，讓人知道他們理想中想要把生意拓展到什麼程度。如一名創投家所言，「男性是把企業當成獨角獸在推，女性是把企業當成企業在推。」

9 使用抽象的語言也能讓新創公司的創辦人感覺像是具有遠見的前瞻者，像是他們在意的不只是一次當下創業的成敗，而是這項事業能不能長長久久：換句話說，他們要爭的不是一時，而是千秋，不是現在如何，而是將來能夠如何。他們的眼界很廣，他們看的是未來的可能性，是這門事業能隨著時間如何成長、如何擴張。

10 Cheryl J. Wakslak, Pamela K. Smith, and Albert Han, “Using Abstract Language Signals Power,” *Journal of Personality and Social Psychology* 107, no. 1 (2014): 41, https://doi.org/10.1037/a0036626.

第五章

動之以情

自小在加州的西科維納（West Covina）長大，蓋・拉茲（Guy Raz）的夢想是成為新聞撰稿人。做一名文字記者是他畢生最大的渴望，而最優秀的文字記者都是從《芝加哥論壇報》起家，所以他也往那投了履歷。

但《芝加哥論壇報》拒絕了他，《達拉斯晨報》、《巴爾的摩太陽報》也沒有給他機會。相對於一起畢業的很多同學都在顧問業或金融業進駐了高薪的職缺，二十二歲的蓋卻拿著少得可憐的薪水，因為他只是一名實習生。而且由於沒有平面媒體肯收他，他最後只得跑到一個廣播節目去實習。

然而蓋並沒有放棄記者夢，空閒時他會以自由記者身分撰寫文章，只希望有人願意用。他的文章散見各處，其中以華府地區一份非主流的免費週報為主。

他努力不懈地堅持著，一步一步往上爬，先後做過製作助理、攝影棚導播，最終成為了駐外特派員。在駐外期間他先是跑東歐跟巴爾幹半島的新聞，然後當上有線電視新聞網（CNN）的耶路撒冷特派員。接著他回到美國，開始負責五角大廈跟美國軍方的新聞。

時間快轉到今天，每一個美國人就算不熟悉蓋的名字，也多半聽過他的聲音。

二〇一三年，蓋成為了美國國家公共廣播電台（NPR）的《TED廣播時間》（*TED Radio Hour*）節目主持人兼主筆。二〇一六年，他創辦了以創業精神為主題的podcast節目《從無到有》（*How I Built This*），並自此陸續製作出了《高層的智慧》（*Wisdom from the Top*）、《WOW科學妙妙妙》（*Wow in the World*）與《倒帶》（*The Rewind*）等高人氣的節目，且都是由他親自主持。他是podcast歷史上，在下載次數前二十名裡一人獨占三名的第一人，一個月內能夠觸及超過兩千萬名聽眾，並被譽為podcast歷史上最高人氣的播客之一。

只要聽聽看他的節目，你就會明白他受歡迎不是沒有理由的。蓋是一個了不起的說故事家。聽他說話時，你簡直很難不全神貫注地聽下去。

雖說有些主題原本就極具吸引力，但蓋確實有一種不可思議的能力，可以把任何東西變成讓人欲罷不能的故事。從吸塵器的發明到一間肥皂公司的創建，再從德國天文學家到嗅覺的原理，他都有辦法點石成金。

擔任海外特派員的多年經驗，讓蓋潛心琢磨了他的新聞專業。讓他總是能從熱門時事的背後挖掘出充滿人味的故事與描繪人性的戲劇情節。

在這一路上，他意識到好的新聞報導往往有幾樣共通點。也就是會讓新聞整體變得更引人入勝的某些成分與指導原則。而想要得知這些共通點是哪些東西，我們不妨先看看蓋所進行的一段有些失控的訪談。

幾年前，蓋正在訪問戴夫．安德森（Dave Anderson）這位名聲顯赫的美國原住民企業家。安德森的生意做得很大，當中包括他創立了「名人戴夫」（Famous Dave's）這家傳奇性的「坑式燒烤」（pit barbecue，在地面挖洞烤熟食物的傳統料理）連鎖店，同時他還協力創辦了「雨林咖啡」（Rainforest Café）這個家庭主題的餐廳集團。

按照《從無到有》的節目慣例，這場訪問理應要介紹戴夫的成功故事，像是戴夫是如何從一個人口兩千三百人的小鎮上的烤肉攤起家，最後建立起一個有將近兩百個據點的餐飲帝國。

但實際訪下去，蓋卻不斷在挖掘戴夫的敗績。戴夫的賣油業務工作是如何失敗，他的賣花生意又是如何慘遭倒閉。另外還有「名人戴夫」的董事會曾如何拒絕騰出一個席位給離開後想回鍋的戴夫。

戴夫愈來愈緊繃，臉色也很快就開始不對勁。就在訪談進行到一半時，他喊停了訪問並大叫道：「你專挑我的失敗問是什麼意思啊!?」

戴夫被攻得猝不及防。他本以為這場訪問是要回顧他生涯中的各個精彩片段，結果蓋卻好像故意在讓他難堪。戴夫可不樂於把他一籮筐的挫敗攤在陽光下，給數以百萬計的聽眾知道。不用說他恨透了這場訪談，與主持人不歡而散。

戴夫並不是唯一這樣的人。在公開場合中，我們會格外希望能隱惡揚善。拿到新客戶、業績成長、成功說服了誰誰誰，這些才是我們想公諸於世的精采瞬間與人生高點。社群媒體就可謂是我們人生金曲的精選輯。這個人升官了，那個人去了巴貝多度假，還有人牽了新車/得了獎/獲得了某種了不得的肯定。

我們覺得用這種精心編排、上過亮光漆的角度來自我行銷，可以讓人喜歡我們。他們會覺得我們好厲害，會好想認識我們、會願意僱用我們。

這種直覺究竟正不正確？

當不完美成為一種資產

一九六六年，一些行為科學家進行了一項以犯錯為主題的實驗。[1]他們請明尼蘇達大學的同學聽一段錄音，內容是（由演員扮演的）一名「選手」正在進行益智問答校隊的隊員選拔面試。

可惜的是這名選手不是很合格。他的答對率只有三成，而且看上去腦筋不怎麼靈光。

更慘的是，在某些學生的眼中這名選手還犯下了另外一項錯誤：他笨手笨腳打翻了咖啡，全新的西裝被灑了一身。

有些學生聽見錄音裡的選手把咖啡灑到自己身上，有些學生聽的版本則沒有這一段。

不令人意外地，這個錯誤傷害到了該選手給人的印象。聽到咖啡灑出來的學生對他的印象比沒聽到的還要更差。

但錯誤並不總是壞事。因為當兩組學生被告知一名優秀選手的資訊時（優秀的意思是他答題的正確率高達百分之九十二），這時候咖啡灑出來對選手的印象就不再是扣分，反而變成加分。

同樣是咖啡，同樣灑得一身都是，效果卻全然不同。

這項研究透露了一件事情，那就是錯誤本身並無好壞。錯誤帶來的效應取決於更大的脈絡。能力差的人犯錯，就只是強化他人對其已存在的負面印象。沒有變化，只有強化。

但當優秀的人犯錯時，就有著相反的效應。成功人士讓人有距離感。他們看起來如此地完美，以至於我們很難對他有認同感。而這也就是錯誤派上用場的地方。因為平日以幹練聞名的人偶爾出了點差錯，會讓他們更加人性化。你會覺得他們果然也是人，怎麼感覺滿可愛的。

這種所謂的「出醜效應」（pratfall effect），就是蓋之所以去戳戴夫某些痛點的原因。蓋詢問他的失敗經驗並不是故意哪壺不開提哪壺，也不是要給他難看，他只是想要讓戴夫流露出一些人味，縮小他與大眾的距離。

因為如果某人在大眾的心目中就是個做什麼都成功的傢伙，那你就很難對他產生共鳴。他們會成為一種彷彿是異類的存在，讓人無法親近。但如果他們這裡出點包，那裡遇到一點難關，忽然間我們與他們的距離就拉近許多。

果然，在那集節目播出後的幾個星期裡，許許多多朋友、同事與顧客主動聯絡了戴夫，感謝他願意如此坦誠。他們大部分人都對戴夫的成就不陌生，但他們從來沒想過他也是歷經了千辛萬苦才有今天。而在聽完他一路走來的困境與挫折後，他們都覺得深受啟發，並滿懷起希望。彷彿只要有心，沒有什麼是不可能的。

出醜效應讓我們看到不完美也可以是一種資產。但那其實只是一個更廣泛現象中的一個例子。而這個現象就是所謂的「動之以情」。

要讓動之以情發揮其價值，辦法有四種：（一）打造雲霄飛車；（二）持續變換節奏；（三）顧及背景；（四）啟動不確定性。

打造雲霄飛車

故事是構築我們日常生活的一部分。我們會述說一場會議開得如何、我們週末做了什麼，或是我們為什麼覺得我們超適合一份工作等種種故事。我們會用故事去說明一個重點，推銷一種觀念，或單純與朋友建立連結。而當我們沒有在說故事時，我們也是故事的消費者，書本、電影、表演與 podcast 都是我們消費的對象。

惟故事是有高下之分的。好的故事更加有趣、吸引人、讓人無法自拔。好的故事不會催眠，也不會讓人直想找別的事做。反之，聽者會在他們的座位邊緣傾身向前，迫切想知道接下來會發生什麼。

所以理所當然的是，人類一直以來都在推敲琢磨究竟是什麼造就了一個好的故事。如寫下了《第五號屠宰場》跟《貓的搖籃》的馮內果就主張「故事有可以繪製在圖紙上的形狀」。[2]在他「因為太簡潔又看起來太好玩，而遭到拒收」的碩士論文中，馮內果提出的理論是角色歷經的起起伏伏可以用圖形來描繪，並從中揭示那個故事的形狀。

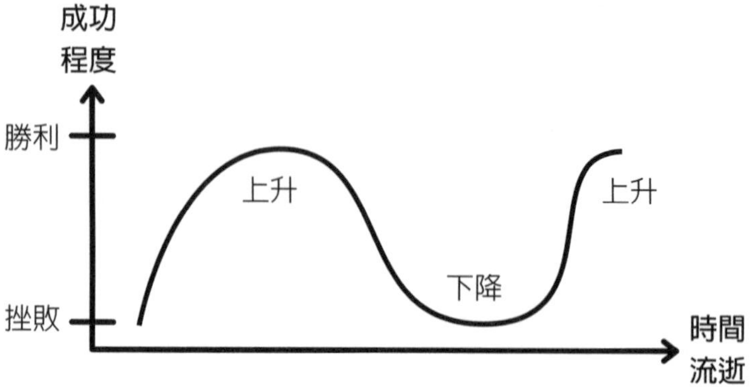

就以經典童話《灰姑娘》為例。摯愛的母親去世了，讓心地善良的女主角眼見她的世界天翻地覆。灰姑娘的父親再娶，而他的新妻子帶來了兩個邪惡的繼女，一天到晚虐待灰姑娘。就像這還不夠慘，灰姑娘的父親不久也與世長辭，留下她得獨自伺候她邪惡的繼母。

但就在這個絕望的時刻，事情有了曙光。灰姑娘遇見了她的神仙教母，去參加了一場舞會，愛上了一名俊美的王子。只不過很不幸，她被迫在午夜鐘響前逃離舞會，而他的繼母則千方百計阻止王子找到灰姑娘，所幸到了故事尾聲，灰姑娘與王子還是有情人終成眷屬，從此過著幸福快樂的日子，全劇終。

馮內果如果畫下灰姑娘的故事形狀，可能會像右頁這樣。

這個故事有個負面的開頭。灰姑娘的父母雙亡，而她在家已經淪為殘酷繼母的女僕。事情開始好轉（她受邀去參加舞會並結識了王子），但接著又急轉直下（她必須在午夜鐘響前逃離）。最終故事在一切達到高峰時畫下句點。

考量到故事的重要性，故事擁有形狀的概念就很值得一探究竟了。在隨後的幾十年間，馮內果發表的這個概念一直掀動著世人的想像力。馮內果講述各種故事形狀的影片在各個地方瘋傳，主流新聞媒體開始上氣不接下氣地疾呼世上所有的故事，都不外乎某幾種共通的模型。

惟故事有形狀的概念固然有趣，想實際辨識出這些形狀可沒有那麼容易。就拿灰姑娘來講，有些人認為這故事看起來是這樣，也會有人覺得這故事看起來是那樣。兩種看法所畫出的可能會是兩種完全不同的形狀。

再者，就算故事真的有形狀，那我們也不得不去問這些形狀真的重要嗎？因為注意到故事有不同類型是一回事，故事會不會因為特定的述說方式而變得更精彩、更有影響力，那又是另外一回事。

為了回答這些問題，我跟一些同事投身了故事的科學。首先，我們分析了數萬部電影，當中包含從《阿甘正傳》與《駭客任務》等賣座巨片到《陰沼地》（*The Marsh*）與《愛的神奇符號》（*An Invisible Sign*）等小型獨立電影。我們採用的包括一些比較新的電影如《飢餓遊戲》跟《亞果出任務》，以及一些老片像是《大白鯊》跟最早期的《星際大戰》。

而為了量化這些電影故事的形狀，我們分析了當中的字彙。[3]

有些單字比較偏向正面。像是 laughter（笑聲）、happiness（幸福）、love（愛）與 rainbow（彩虹）都滿正向的。[4]這些單字往往出現在正面的處境中，且大部分人在聽到的時候都會產生正面的感受。

反之像 pandemic（疫情）、funeral（喪禮）、cruel（殘酷）與 cry（哭泣）等字眼則偏向負面，它們代表了令人反感的事物，並會讓大多數人感覺到不舒服。

像 anyway（總之）、repeat（重複）與 Pittsburgh（匹茲堡）則屬於落在中間的字眼。它們在正面或負面的處境中都有登場的機會，並且不會讓多數人感覺到特別開心或難過（除非你剛好超愛匹茲堡，或痛恨匹茲堡）。

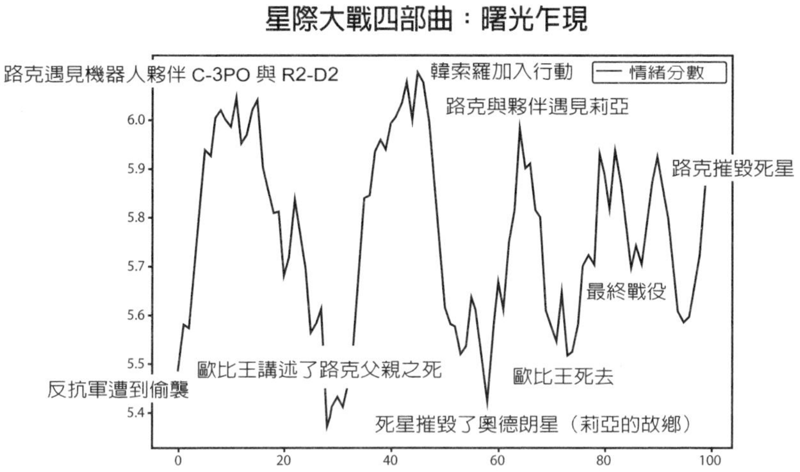

我們把各部電影的劇本拆成了幾十塊，每一塊大約有幾百個單字，然後計算出了每一塊劇本當中的平均字彙正向性。[5]某塊劇本如果談到某位角色找回失去的愛、與朋友重逢，或是發現了失落的寶物，就會被評為相對正面，而如果某塊劇本談到痛苦的仳離、爭吵，或是英雄主角差點死掉，就會被評為比較負面。

然後我們拿著這些評分，去描繪出了每部電影的情緒軌跡。一如灰姑娘的故事所呈現出的型態，我們可以看到整個敘事的不同部分各有著正向或負向的情緒。

為了讓你有個概念，上面是原版《星際大戰》的情緒軌跡圖示。

故事主人公天行者路克踏上他的使命，前去拯救莉亞公主，並擊潰邪惡的銀河帝國。那當中有正面的部分，像是路克結交韓索羅為友，救出莉亞公主，以及成功從死星逃出來。但其中也有負面的情節，像是路克的養父母遇害，路克的恩師歐比王為了讓其他人脫身而犧牲了自己。但是到最後，故事算是有個圓滿的結局：路克在化為英靈的恩師嗓音的輔佐下摧毀了敵艦，跟朋友一起慶祝勝利。[6]

單一的正向或負面字眼並不能告訴我們太多事情，但一口氣檢視幾百個單字確實能讓我們對整體的劇情發展有一定的掌握。當路克的朋友被殺害，或歐文叔叔的農場被摧毀之際，大量其他的負面字眼被用了出來。角色們面露哀傷或哭泣，心中充滿了憤恨或恐懼。但當反派被殺或敵艦被毀的時候，圍繞此情此景的字彙便會比較開朗。角色們會開始慶祝、歡呼、跳舞或相擁，人物使用的語言也會正面許多。

把這些畫成圖之後，我們就可以去檢視成功的電影是不是傾向於遵循某種模式。劇本上的用字透露了行動的本質，我們甚至連電影都不用看就可以覺察出端倪。

大部分人都青睞正面的經驗甚於負面的體驗。我們喜歡升官而不喜歡被開除，

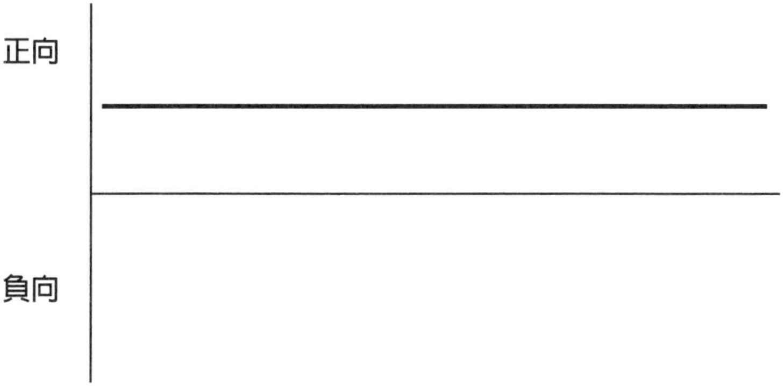

我們喜歡吃美食而不喜歡踩雷，我們都喜歡拜訪朋友而不喜歡看牙醫。事實上，如果被問起理想的一天長什麼樣子，大部分人都會往裡頭塞滿正面的經驗，丟開負面的體驗。

但想塑造出一個好故事，不能這樣搞。

想像一下某段敘事裡的所有事都是天大的好事。主角萬民擁戴，要什麼來什麼，每天就是在向日葵盛開的田野上嬉戲玩鬧，鳥兒在一旁為他們高歌幸福的曲調。這個故事的情緒軌跡就會長得像上面這樣。

這如果是在拍壽險廣告，那就一百分，但是拍成電影嘛？能夠堅持看下去的人應該都不是一般人，一般人應該看沒兩下就轉台了。

我會這樣說，是因為人固然普遍喜歡正面的個人經驗，而討厭負面的體驗，但那是在現實生活中。如果是讀書或看電影，無止盡的正面情節只會讓人感到乏味。在故事的世界裡，張力是一切的關鍵。灰姑娘與王子能有情人終成眷屬，幸福快樂到永遠嗎？還是她會在家裡擦地板擦一輩子？天行者路克跟反抗軍聯盟會成功摧毀死星嗎？還是黑暗的一方會勝出？如果這些問題的答案都一望即知，那我們就不會想看到最後了。我們會願意看下去，都是因為我們想知道結果怎麼了。

在這種思路下，許多賣座的故事似乎都遵循著類似的架構。人物角色必須克服各種試煉與磨難，才能到達幸福的彼岸。在《星際大戰》與《哈利波特》的故事中，英雄主角都必須克服父母雙亡的命運。他們一路上廣結善緣，慢慢開始看到希望，然後事情又出現反轉，劇情就此開展下去。而這一路上的每一道障礙跟每一次波折，都是主角必須面對的考驗。不通過這些考驗，主角就衝不破最後的終點線。

在這兩個故事還有其他類似的例子中，情緒軌跡似乎都遵循著一種波狀的模式。就像一道山脈，漫長的爬坡之後是高點，而後就是漫長的下坡跟低點，接著又回到上坡路，就這樣循環反覆。

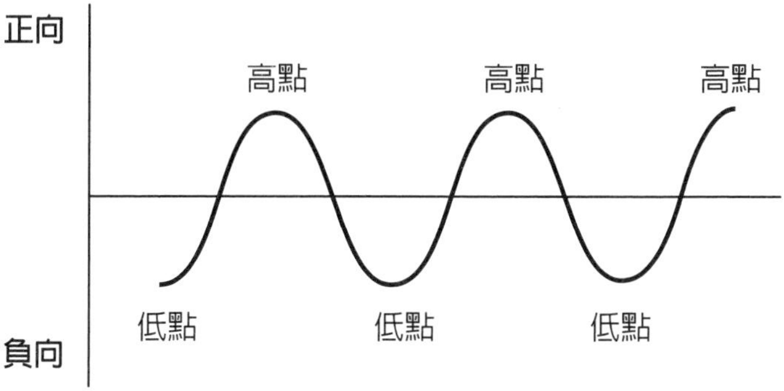

確實，在分析電影時，我們發現那些穿插高度正面情節與強烈負面瞬間的作品，往往也是票房表現最亮眼的作品。情緒軌跡反覆在谷底與峰尖來來回回的電影，通常都比較受到青睞。

《從無到有》節目中最讓人欲罷不能的那些集數，也有著類似的模式。一名創業者心懷一個前景看好的構想，一個他們相信是劃時代點子，但一家關鍵的供應商在最後一刻宣布退出。不屈不撓的創業者逆勢往前衝，並開始慢慢做出業績，但就在他們終於站穩腳步時，一家大型的零售商卻取消了訂單。就像天秤另一端加重了砝碼，好事一下子就被壞事給抵消掉了。

這種模式部分說明了何以蓋的故事說得那麼好。當然，他會讓企業家談論自己的豐功偉業。他們曾爭取到哪些驚人的客戶下單，他們開過哪些了不起的店鋪，他們吸引過哪些大人物光顧。

但他也會請他們分享自己吃鱉的經驗。那些他們踢到過的鐵板；他們賠過的錢；他們走過的死胡同；他們苦吞過的閉門羹。

他這麼做是因為在亮點中穿插黑暗，其效果不光是讓功成名就之人變得親民，更可以堆疊出一個精采的故事。

聽到有人開了公司、三兩下光速成長，然後將之以一億美元的天價賣出，這樣的故事一點也不精彩。因為這聽起來太過順理成章，而且跟一般人的生活經驗也相距太遠。我們大多數人活了大半輩子，都不曾運氣好到可以連莊成這樣。

但聽說有個人創業的前七年都只做出了一個又一個的產品原型，而且換得的是一次又一次的拒之門外，我們會有什麼感想呢？又或者聽說有個人被零售商拒絕了前兩百七十九次，才獲得第兩百八十間業者的點頭呢？

這，是不是就讓人覺得有趣多了？

那些低點，那些絕望的深淵，會讓高峰經驗顯得格外高聳參天。我們當然樂見灰姑娘跟王子百年好合，就像我們也樂見別人做出一番事業。但如果故事的發展讓我們覺得一個不小心，灰姑娘與王子就會擦身而過，或是某家公司差一點就萬劫不復，那佳偶的結合跟成功的果實肯定會讓人感覺更加甜美。[7]從失敗的利牙邊緣摘下的勝利，嚐起來必然更有滋味。

波動性的價值

強調路途中的障礙，或是從谷底開始登頂，並且多次反轉，都能讓故事變得精采。但我們還有其他的發現。一起來看看下面這兩種故事軌跡。

這兩個故事有著相同的最高點與最低點，但情感軌跡顯然有別。在故事一當中，情節軌跡非常的滑順。頂點之前的發展就是扶搖直上，觸頂後才開始反轉。該路線的斜度或許陡峭，但陡得很穩定。

但在故事二中，情感的軌跡就顛簸多了。高點是一樣的，但並非穩定地一路向上然後反轉向下，這個故事的軌跡更呈鋸齒狀。事情的發展原本偏正面，然後反轉向下，接著又重新轉正，以此類推。

故事一

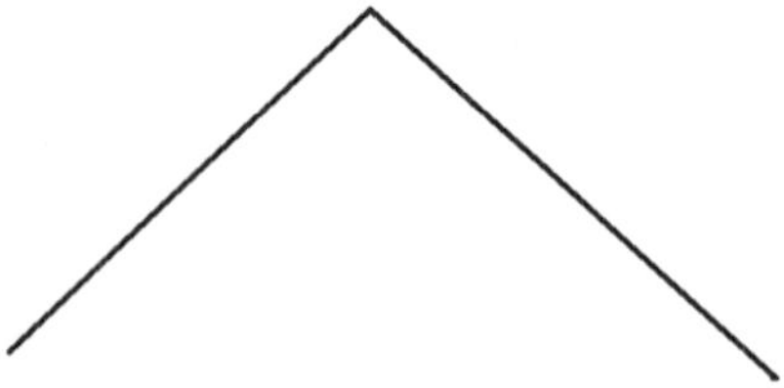

故事二

你覺得哪一種比較好，滑順的，還是顛簸的？

人類出奇地善於適應他們陷進的任何處境。人被甩或被炒的當下都感覺像是世界末日，但我們都能很快地反彈回來，再次找到烏雲的銀邊，開始樂觀地看向未來。

同理也適用於正面的事物。錄取了夢幻工作或買到了夢想的房子，在事發當下都會讓人欣喜若狂，但初始的興奮感很快就會退潮。

就以樂透為例。假設你今天贏到的獎金不是五塊十塊美元，而是更為可觀的金額：比方說幾十萬美元，或甚至幾百萬美元。那會是什麼感覺？你覺得那會讓你更幸福嗎？

被問及中樂透之類的體驗會如何影響他們的幸福程度時，大部分人都會異口同聲地回答：「你瘋了嗎？這麼多錢當然會讓我更幸福啊。幾百萬美元可不是開玩笑的。我可以把帳單付清，可以買輛跑車，甚至可以把老闆開除。中樂透一定會讓我比現在幸福很多。」

但雖然天上掉餡餅的好處顯而易見，現實卻會比單純的幸福稍微複雜一點。事實上已經有多項研究指出中樂透、包括中巨額獎金的樂透，都不怎麼能讓人變得更幸福。[8]

在某種層面上這簡直是胡說八道。中獎發財怎麼可能不會讓人更幸福？數以億計的人都在買彩券，哪一個不是為了贏錢。這億萬分之一的幸運兒怎麼可能不覺得自己幸福？

人類幾十年來對這所謂「享樂適應」（hedonic adaptation）的研究，已經發現了人會去習慣自身的處境。[9]不論面對的是中樂透之類的好事，還是出意外受重傷的壞事，人都會自行調整，並最終回歸到正常水準的幸福程度。

而由於人會自行調整，所以用壞事去干擾好事有著一種讓好事變得更其樂無窮的效果。就以廣告來講。大部分人都對其恨之入骨，所以把廣告拿掉應該會讓人追劇或其他娛樂都變得更過癮吧。

但事實正好相反。不時被討厭的廣告打斷，反而會讓一齣節目變得更好看。[10]因為這些討人厭的廣告不僅會打斷我們看劇，同時也會打斷我們去適應節目提供的爽度。試想你在吃巧克力豆。第一顆很好吃：甜美可口的滋味在嘴裡融化開來。第二顆也還不差。但連著到了第四顆、第五顆，乃至於第十顆，你對那種好吃就會愈來愈無感了。適應是我們的天性。

但在正面的經驗中穿插一些不是那麼正面的經驗，就可以減緩這個適應的過程。在巧克力豆之間穿插著吃球芽甘藍或是在正片之間穿插一些廣告，都能打斷我們的適應過程。不夠正面的經驗能讓接下來的正向經驗再次變得新鮮，令人覺得更享受。

類似的事情也會發生在故事裡。在金融領域中，「波動性」指的是一支股票、一種資產、一個市場的變動性。資產的波動性愈大，其估值的震盪幅度就愈大。有時候會往上，有時候會往下，但其走勢是如此地捉摸不定，你很難判斷出接下來是漲

故事一

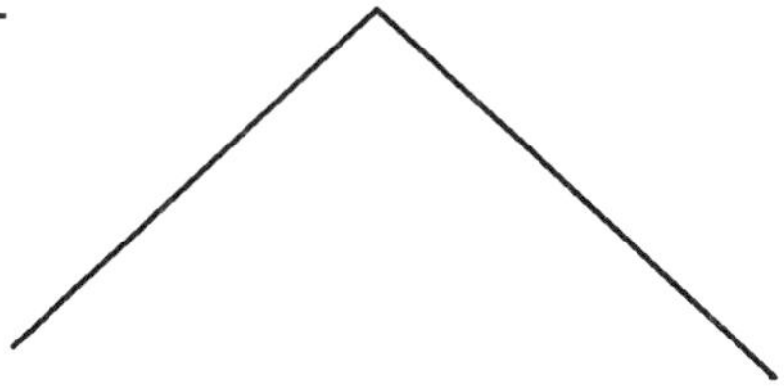

故事二

是跌。

敘事也是一樣。情緒波動性大的故事讓我們難以逆料其走勢。劇情可能整體是在朝好的方向發展，但反轉隨時會出現，你永遠不知道下一瞬間主角的命運會如何。就拿我們剛舉的兩個故事為例，故事二比起故事一就有更大的波動。

而這種不可預測性，就會讓故事之旅變得更刺激、更令人著迷。在分析過數千部電影之後，我們確實發現多變性會讓故事的層次提升。觀眾會一心想知道接下來會發生什麼事情。而這麼一來，他們就會更享受這整個過程。

所以說一個好的故事就有點像是雲

霄飛車。首先，如我們之前所討論過的，平穩的火車很沒勁，有高有低才有趣。惟除了高峰與低谷以外，隨時會反轉的步步驚心也非常重要。我們會不會在這裡腳下突然一空？我們是在登頂還是墜谷的半途？這種不確定性會讓你一路上都全神貫注。[11]

放在一起，這些關於情緒語言的研究很清楚地告訴了我們幾件事情。第一，不完美可以是一種資產。不論是在面試工作，還是在其他的公共場合，人經常會感覺自己有必要表現得完美無缺，為此我們必須把所有的醜事掃到地毯下面。

但那並不見得永遠都是最好的做法。當某人已經建立起聰明能幹的人設，那偶爾耍個笨也能是好事一樁。如果是表現已經不錯的職位候選人（比方說來二次面試的人），那不諱言地坦承自己也曾犯錯就能讓他增加好感度，而不是減少。因為公開坦承錯誤不僅是一種有擔當的表現，同時還能讓人感覺與他更親近。展露過往的缺失也可以讓幹練的經理人在團隊裡有更高人氣。

不過這種缺失不能是大錯就是了。把東西灑到外套上或出點小包可以縮短距離。但要是犯下影響手邊工作的大錯，別人可能就真會對你的能力打上問號了。

第二，讓失敗為自己所用。在被要求說出自己的故事、解釋自己的背景，或是隨便聊聊自己時，很多人都會傾向於只挑好的講。他們會覺得失敗是自己的黑歷史，而為了顧全自己的形象，最好是不要讓人看到不好的一面。

這是很多人會有的直覺，但這直覺並非絕對正確。逆境是誰都會遇到的事情。誰都曾經失敗或有所不足。承認這些生命中的挑戰會讓我們更能與人打成一片，讓其他人更能與我們的故事產生共鳴。

第三，根據上述的概念，理解了一個好故事的條件後，我們所有人都可以把故事說得更好。大部分人並非生來就是故事大師。我們不是愛爾蘭酒吧裡的說書人，沒辦法往吧檯邊上一站，就讓所有人附耳過來。

但靠著正確的訓練與勤加練習，說故事是種男女老幼都可以習得的技能。只要懂得故事是怎麼一回事，知道故事背後的原理，我們就可以將大大小小的故事都說得充滿影響力。凸顯路途中的阻礙——從谷底爬到高點然後再重新來過——並混合穿插好與壞的瞬間——善用情緒的波動性——就可以把所有的故事都點石成金。

顧及背景

至此我們討論過了情緒中屬於正面跟負面的元素。有些東西感覺好，有些感覺差。像 laughter（笑聲）跟 happiness（幸福）就是正面的字眼，而像 hate（憎恨）與 cry（哭泣）就屬於負面的詞彙。

但此外還有一項重要的差異，常被我們視而不見。

週五晚上，你想選一間餐廳吃飯。你人在外地旅行，所以你上網搜尋自己有哪些選項。有個地方看起來頗值得一訪，但他們正好在整修所以沒有營業。另外一間的食物滿特別，但距離你下榻的飯店似乎略遠。

最後你篩選出兩個不錯的選項，兩家餐廳都在步行範圍內，價格算是合理，並且供應的都是你有興趣嚐嚐的菜色。而為了下最終決定，你進一步讀了一些評論。

兩家餐廳都有一致的大量好評，五顆星裡都拿到了四點七顆星。「這個地方超讚，」第一家餐廳的某則評論如是說，「在這裡吃飯是種享受。」給第二家餐廳的評論也類似地說，「這個地方很完美，值得一訪。」

所以你選哪一間？

如果你選了第一間，那你就跟多數人所見略同。在幾百個進行類似二選一的受試者中，百分之六十五的人選了第一個選項。而這當中的差別就在於一個選項呈現的是正面性，另一個則是情緒性。

在挑選餐廳的時候、購物的時候，或是進行各種常見選擇的時候，我們常常會考慮到他人的反應。別人是喜歡這家餐廳，還是討厭這家餐廳？餐廳得到的是好評居多還是負評居多？

這是人之常情。我們凡事都會想要趨吉避凶，挑選餐廳也不例外。我們想要買大家都喜歡的東西，避開大家討厭的東西。而這麼一來，別人的看法愈正面，我們就愈相信自己的想法會跟其他人一樣。

但將一樣東西視為正面或負面，將一樣東西分為好或壞，是有其極限的。Yelp上有近半的餐廳評價都是五顆星，亞馬遜上的產品平均得分是五顆星裡的四點二顆星。大部分產品與服務都能得到四至五星評價，所以我們能從評等中得到的情報非常有限。

再者，高分不見得能真正幫助我們判斷產品。在檢查了超過一百種產品類別後，學者發現在產品品質跟亞馬遜評等之間的關係是有，但並不大。[12]同樣地，在許多書籍類型中，高評價也鮮少就等同於高銷量。[13]

所以如果想判斷出產品的品質或銷量不能只看正面性，那要看什麼？

下面是幾組單字，同組單字所表達的都是大體上相同的情緒，以及相同的正面性。

美妙（Beautiful）／頂尖（Best）

令人驚奇（Mindblowing）／引人矚目（Noteworthy）

幼稚（Childish）／含糊不清（Unclear）

令人反感（Repulsive）／愚笨（Dumb）

「美妙」與「頂尖」表示的是某種真的很好的東西，而「令人驚奇」跟「引人矚目」則代表某樣東西好，但沒有像「美妙」跟「頂尖」那麼好。當數百人被要求評論各種不同字眼的正面性，「美妙」與「頂尖」兩者實際上都在九分之中得到八點四分，這個分數可以躋身最正面的單字之列。

同理也成立於偏負面的字組。「令人反感」與「愚笨」都表示某樣東西非常爛，而「幼稚」跟「含糊不清」則表示一樣東西很爛，但沒有像「令人反感」與「愚笨」一樣爛。

同組的兩個單字固然表達著相同程度的好或爛，但它們在另外一個層面上仍存在著差別。它們的情緒性，也就是它們有多大程度上是根據感受或情緒反應去表達一種態度。[14]

每當有人要表達某種態度或意見，他們都有好幾種辦法可以去表達。他們可以說自己愛、恨、喜歡或堅決避開一部電影，或者他們可以說一家餐廳超讚、很棒、普普通通、爛死了。食物可以很美味，也可以很噁心。服務可以是五星級，可以水準很低，也可以是令人感動或出類拔萃。

這些字眼不僅能顯示出說話的人有多喜歡一樣東西，它們還可以表達出這些評

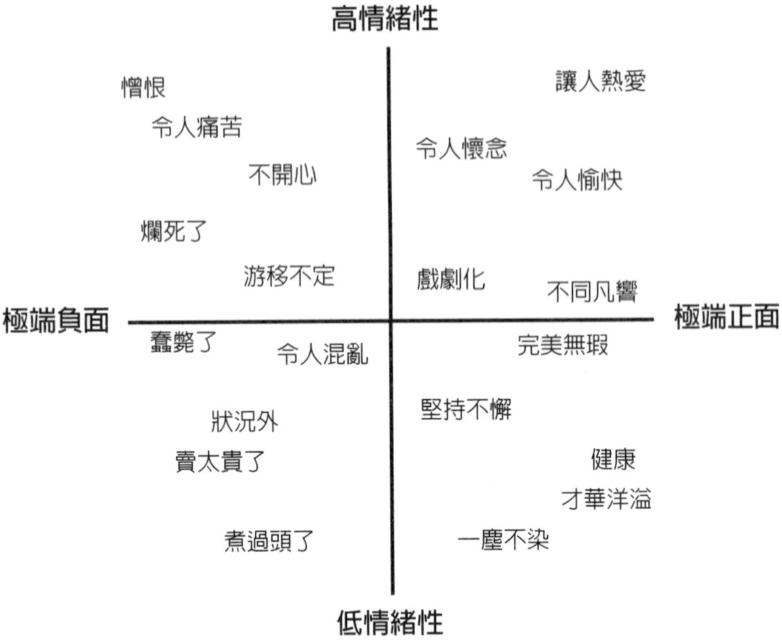

價有著什麼樣的根據（比方說根據情緒或是其他因素）。

就以餐廳為例。如果有人說他們很享受那裡的食物，或是他們愛死那裡的氣氛，那就代表他們這麼說是根據他們的感受，根據他們對那間餐廳的情緒反應。如果他們說那兒的食物很健康，或是價格很合理，那就代表他們固然喜歡那家餐廳，但他們的意見比較是基於他們的理性想法，而非感性情緒。

同理也適用於車子。如果某人說一輛車開起來其樂無窮，或是那輛車的外觀令人驚豔，那他們的意見就比較是基於感受。如果他們說車子的做工精良或油耗很理想，那這就比較跟他們的個人感受無關。

總的來說，詞語可以根據正面性或負面性，也就是它們所指涉的好或壞來排列，同時也可以根據它們的情緒性高低來排列，也就是這個字句在何種程度上反映了說話者的情緒反應。

餐廳得到的情緒性評論愈多，訂位的狀況就愈好。電影得到的情緒性影評愈多，其票房表現就愈好。書籍得到的情緒性書評愈多，其銷量的數字也更漂亮。[15]使用情緒性的語言，代表說話者的態度比較強烈，而會導致他們的個人體驗對他人產生更大的效應。[16]

但情緒性的語言並不是永遠都有這樣的說服力。情緒性的語言能不能鼓勵旁人從事某種行動，取決於我們想說服別人的事物類型是什麼。

產品或服務可以被形容為更偏向享樂型（hedonic）或實用型（utilitarian）。音樂、花等各種享樂型產品的消費目的是其所提供的愉悅與享受。我們聽音樂，是因為音

餐廳一	餐廳二
「這個地方超讚，在這裡吃飯是種享受。」	「這個地方很完美，值得一訪。」

樂能帶來樂趣；我們買花，是因為花可以讓我們快樂。

至於快乾膠、汽油、烤吐司機等各種實用型產品的消費目的則比較是出於功能性跟務實性的考量。我們買快乾膠是為了修理椅子，花錢加油是因為汽油能讓車子跑起來，買烤吐司機當然就是因為我們要吃吐司。實用型物件通常比較具有理性認知與工具的性質，它們被買回家是為了填補某種需求。[17]

學者針對情緒性語言的影響力研究過數萬則亞馬遜的評論後，他們發現情緒性的語言在享樂型與實用型這兩大領域中有著不同的效應。[18]

如前所述，對享樂型的事物而言（音樂、電影、小說），情緒性的語言能夠提升影響力。帶有情緒的評論更有參考價值，也讓消費者更有興趣購買。

回到餐廳二選一的例子，那兩家餐廳獲得的評論在很多方面都大同小異，兩者都被用上了極端正面的字彙。

雖說兩家餐廳獲得的都是好評，但餐廳一的評論用上了比較情緒性的語言。「超讚」比「完美」來得有情緒性，「享受」也比「值得」來得有情緒性。

而就是這多出來的一些情緒性，讓更多人選擇了第一間餐廳。

然而對實用型物品而言，情況就恰好反過來了。對刮鬍刀來說，情緒性會產生反效果，帶有情緒的評論參考價值較低，也讓消費者的購買意願更低。

這是因為豐富的情緒對享樂型的物品來說是好事，對實用型物品卻是壞事一樁。在挑選跟使用享樂型產品或服務時，情緒是一項決定性的因素。人買跑車就是為了爽，人看電影就是為了享受樂趣，人去度假就是為了讓自己開心。所以當情緒性字眼被用來描述享樂型的事物時，大家對這些東西的好感就會上升。

但在挑選跟使用實用型的產品或服務時，召喚情緒就不是我們真正的目標。人會希望黏膠乾得快一點，會希望汽油便宜一點，會希望烤吐司機能輕鬆方便地把吐司烤好。實用型的物品通常是買來完成某項任務，而人之所以選擇這些產品，是因為他們理性的想法（而不是感性的情緒）告訴他們眼前的東西會把任務好好地完成。

所以說，就算有人說一台果汁機「超讚」或「很討人喜歡」，也不見得能讓其他人產生想買的念頭。事實上，這樣情緒性的語言往往會適得其反，因為這種話違反了人對於產品的期望，感動不是他們想在這類產品上尋求的東西。一旦情緒性語言與他們的務實預期落差太大，他們甚至會覺得這種話跟說出這種話的人都不太能信任。

所以說整體而言，很重要的是我們不能只考慮語言的正向性，也必須考慮到語言的情緒性。

在行銷一項產品、一個點子，甚或是自我推銷的時候，我們常會用上正向的語言。我們的產品「很棒」，我們的點子「很新穎」，我們本人「很勤奮」。食物「美味非凡」，區塊鏈是種「顛覆性」的科技，我們的文筆「不同凡響」（這我要代表同事說一句：真的，這是真的，我保證）。

但光說好話是不夠的。我們需要把背景納入考量。「出色」、「讚死」、「傑出」、「超絕」等都是表示一樣東西好到不行的說法。但它們所蘊含的情緒性各有高低，所以在使用時根據背景的不同，也會產生大小不同的效力。

在行銷一項產品、服務或體驗的時候，我們要去判斷其屬性是享樂型，還是實用型？民眾買這東西是為了享受，還是出於某種功能或實用上的理由？

如果這筆消費主要是為了享受，那像「讚死」或「美妙」等情緒性用語就很適合。說一部電影「暖心」，說一處旅遊勝地讓人「深受感動」，或是說某個冥想 app 給人的體驗「妙不可言」，都不僅能表達出這些東西的好，這些說法還能促使聽到的人想要去花錢體驗看看。

但如果一樣產品、服務或體驗是比較著重於實際的功能性，剛剛那批說法就會出問題。帶有較少情緒的字眼如「表現出色」、「沒有缺點」、「完美」會在這種狀況下更有說服力。像是說一款語音轉文字 app「表現出色」而不說它「讚死」，會讓人更想去購買和使用。

同理也適用於我們描述自己的時候。當我們在編輯履歷表、填寫應徵表格，或是修改交友軟體自介的時候，我們常會拚了命推銷自己。當然啦，我們是應該說自己好話，畢竟說自己不好也很莫名其妙。我們是應該把「風趣幽默」用在約會軟體自介中，但不要寫在工作應徵表裡面。但事情不光是這麼簡單而已。

對於像是履歷表或工作應徵表之類的東西，大部分的評估者都是抱持實用性的觀點去閱讀。就像購買產品去滿足需求一樣，他們也是在尋找人才來解決問題或創造價值。

所以不要只知道在履歷表裡堆砌正向的形容詞，你還要選對用字。在大部分的狀況下，較不情緒化的字眼會比較理想，而情緒性的字眼則可能會扯你自己的後腿——除非那是一家很自豪於本身公司文化為強調員工是「一家人」的公司。

但如果是像交友軟體自介這類的東西，其屬性就會比較偏向於享樂型。人尋找約會對象不是為了解決實際的問題，而是想要找一個能帶給他們快樂的對象。所以情緒性的語言就會比較能派上用場。

你寫的不能只是好話，那還得是對的好話。

情緒性語言的有益與否，也會在社交互動的過程中出現變動。人的許多對話都是為了達成某種目的。會議是為了達成共識，客服電話是為了幫顧客排除障礙，銷售提案是為了敲定合約。

雖然我們常以為朝著手邊的問題一頭栽進去是理所當然的，但實際上這並不是最好的行動方針。我們分析了數百段以解決問題為目的的對話，發現成功關鍵是先建立關係，[19]是先從比較有溫度、比較情緒性的語言來暖場，然後再投入問題的解決。

關係的建立（或維持）是一種鋪陳，有助於我們進行接下來的重頭戲，無論重頭戲是什麼。這能夠強化我們在對話中的社交連結，讓我們與說話對象建立起某種融洽的關係。

所以說，溫暖的情緒性語言在對話的開場是非常好用的。比方說在客服的情境中，「我可以怎麼協助您？」比起「我可以怎麼解決您的問題？」，比較帶有感情的前者會是更有效的措辭。

惟不論用情緒性的語言當開場白能為你帶來多少優勢，其幫助也有限。讓氣氛變得友善當然不會是壞事，但最終該做的決斷還是得下，該解決的問題還是要能得到解決。

而那就是比較不帶情緒、比較理性的語言挑大梁的時候了。事實上，當客服人員先使用較感性的語言破冰，再於對話中段使用偏理性的語言來處理問題，顧客對互動的滿意度的確會比較高，往後繼續光顧的機率也會增加。

不要光顧著解決問題，也不要只知道拉近關係。拉近關係，然後解決問題。

啟動不確定性

正向性與情緒性是文字得以傳遞情緒、影響態度與行動的兩種途徑。但此外還有第三種面向值得我們關注。

但凡做過簡報的人都可以作證，要讓聽眾的注意力不渙散掉是一大挑戰。而虛擬會議只是讓這種狀況變得更嚴重，因為現在你的簡報變成只是別人螢幕上的其中一個視窗，並排在電子信箱視窗的隔壁，人很輕易可以一邊假裝在開會，一邊做自己的事情。

內容創作者也面臨類似的困境。從出版社到傳媒公司，再到行銷者與網路上的影響者，所有人都在競逐注意力，希望能讓閱聽者駐足。但可供選擇的各種媒體與內容之多，使得這一點愈來愈難做到。新聞報導周遭總圍繞著一堆可點開的選項，而比起閱讀整篇文章，大部分人都只會瀏覽一下，然後就跳到其他東西上去了。

在這種充滿分心誘餌的背景下，主流的想法變成「有趣」的東西才能活下來，其他所有不有趣的東西都注定會完蛋。介紹科技新玩意、名人八卦、運動比分的文章會成為矚目的焦點，至於闡述氣候變遷等沉重主題的內容，或是關於資訊安全的陳述，只會變成所有人的搖籃曲。

所以如果要呈現的就是沒那麼精采的主題，我們就一線生機都沒有了嗎？還是說我們還有一些辦法可以促進參與感，即使要講的不是天生那麼有趣的話題也可以化腐朽為神奇？

一個常見的手法是使用所謂的「點擊誘餌」（clickbait）。語不驚人死不休的標題像是〈讀完這篇文章之前，千萬別續訂你的 Amazon Prime 服務〉或〈這六個常見理由正在讓你愈來愈胖〉，都會讓人心癢難耐，忍不住想看看文章的葫蘆裡在賣什麼藥。

差勁的簡報常常很沒有創意，會用上的那幾招不外乎誇張的漫畫、名人的照片或其他的噱頭，總之就是想用這些手法來抓住人的注意力，讓人覺得簡報的內容跟他們不是沒有關聯。

但這些手法乍看之下很誘人，實際上並不如想像中的有效。點擊誘餌確實擅長抓住注意力，但維繫注意力就不是其強項了。雖說像〈名醫透露哪種碳水化合物最可怕，你每天都在吃〉這類標題確實能讓讀者點下滑鼠（是哪一種？我想知道！），但只要一開始閱讀文章，隨之而來的往往就是大失所望。確實，這篇文章談到了碳水化合物，但根本不像標題說的那樣意義重大，反而非常普通。所以讀者點開文章，瀏覽了幾句話，然後就閃人了。根本沒有人會真正把東西讀完。

同理也適用於簡報中的噱頭。那些花招偶爾可以讓人笑兩聲，或是讓人從筆電上抬起頭幾秒鐘，但沒有人會真正因此專心聽你講的內容。這些噱頭可以吸引注意力，卻留不下注意力。

在上述情況與類似的情境中，吸引注意力跟維持注意力的差別是最大的關鍵。寄信的人不光希望收信人有點開他們的電郵，他們會希望收信人真正去讀信。領導人不光希望員工可以出席他們的簡報，他會希望員工可以把話聽進去，並真正消化。

非營利團體、創作者、內容行銷者都不只是希望觀眾可以瞄一眼他們的政策簡報、YouTube 影片和白皮書，他們會希望大家可以留在原地，把內容好好吸收進去。

為了探索是什麼東西能真正抓住注意力，我跟幾位同事分析了近一百萬人是如何消費上萬篇網路文章——不光是看某人有沒有點擊某篇文章，而是看他們到底讀進去了多少；他們究竟是只讀了標題就走，還是堅持了好幾個段落；他們究竟是只掃過引言就跳轉離開，還是把文章讀到尾聲。

有些主題確實比較容易抓住讀者的心。比方說關於體育的文章就傾向比國際新聞讓人讀得更久，而餐廳的食記評論也傾向比談教育的文章更能留住人的注意力。

但透過實驗設計排除掉主題的干擾，我們會發現文章的寫作方式確實也有其影響。其中情緒性的語言尤其能夠增加讀者的黏著度。一篇文章裡用了愈多的情緒性語言，讀者就愈可能持續讀下去。

更深入去觀察後，我們發現並不是所有的情緒都有一樣的效應。某些情緒會促進持續的注意力，而某些情緒其實有反效果。比方說，一篇讓人焦慮的文章和一篇讓人悲傷的文章相比，前者讓人讀完的機率要高出百分之三十。

而為了搞清楚箇中原因，我們必須先搞清楚情緒性語言是如何形塑人看待世界的方式。

就以憤怒跟焦慮而言。兩者都是負面的心境。覺得生氣並不舒服，感覺焦慮也沒好到哪去。

但雖說這兩種情緒也有其相似之處，其中一種給我們的確定性卻明顯高於另外一種。

想想你上次覺得生氣是什麼時候。航空公司弄丟了你的行李，裁判吹錯了一個球，客服人員掛你電話，害你前面白等了半天。

生氣時的你多半覺得很確定。航空公司、裁判跟那間客服欠佳的公司都把事情搞砸了，本來就是他們的問題、他們被罵也活該。確實，在氣頭上的我們往往覺得挺有自信。比起懷疑跟猶豫，憤怒常常會讓人義憤填膺，我們會相信對的是自己，錯的是別人。

然而焦慮就鮮少會有這樣的確定性。回想你上一次感覺焦慮是什麼情形。也許

	正面	負面
確定	幸福／自豪／興奮	憤怒／噁心
不確定	驚喜／希望	焦慮／驚訝

是在擔心航空公司會不會弄丟你的行李，也許是在緊張你支持的球隊會輸球，也許是在想「我該不會又要花半小時等客服吧」。焦慮是一種不確定的感受。焦慮通常會牽涉到懷疑、曖昧不明，還有不安全感。你不知道接下來會發生什麼事情，而且你很擔心是壞事在等你。[20]

正向的情緒也帶有不同程度的確定性。舉例來說，自豪相對比較確定，希望則帶有不確定感。

事實證明這些在確定性上的差異對注意力能維繫多久有重大的影響力。綜觀上千篇文章的內容，我們發現不確定的情緒會促進黏著度。能召喚出（焦慮與驚訝等）不確定情緒的語言會帶領讀者往下讀，而召喚（噁心反胃等）確定情緒的語言則有相反的效果。

不確定性會讓讀者駐足，因為他們會想解決自己沒弄懂的問題。如果他們不確定接下來會發生什麼，或是不知道某件事會如何畫下句點，他們就會留下來見證結局。就像不知道會不會下雨促使我們去看氣象報告，不知道後續發展也會讓我們手不釋卷，就為了放下懸在半空中的一顆心。

這些發現帶有些許重要的意涵。首先，一如我們之前討論過的許多事，重點不光是我們說了些什麼，重點也是我們怎麼去說。當然啦，有些主題、概念、簡報或內容就是天生自帶更多趣味性。是人大概都急切想知道他們可以如何讓薪水翻倍，至於怎麼在出差時替公司省機票錢就比較還好。同樣地，減重的祕訣也會比講氣候變遷或財政政策的文章要來得更受歡迎。

但這也不是說某些事情天生有趣而其他就死路一條。只要用對語言，用了對的咒語，我們就可以在任何事情上激發出人的注意力，無論是最刺激有趣的話題或看似比較平淡的主題。

這對想要深化受眾參與感，不希望受制於題材有趣與否的個人或團體而言是個好消息。即便某個領域本身不是全世界最吸引人的，用對語言一樣可以拉近人與題材間的距離。在建構簡報內容、撰寫電郵、創作各式各樣的內容之時，正確挑選用字可以使任何事物變得更加引人入勝。主題上的缺陷可以由風格去補足。

第二，情緒性的語言是增進參與感的一種強大工具。很多時候，我們會覺得事實勝於雄辯。由此我們會條列出各種因素來鼓勵客戶購買，會條列出各種理由來敦促同事改變想法。又或者我們會在簡報內容裡塞滿統計數據，想讓人看到某件事情是多麼重要。而事實確實有它的用處，至少有時候。

問題是，事實也經常會讓人打起瞌睡，讓人可以好好利用你簡報的時間來檢查社群媒體，把沒空收的電郵收一收。

要是不能吸引住人的注意力，想說服他們談何容易，而這也就是情緒性的語言可以派上用場的時候了。想要針對某件事改變人的想法嗎？不要只是跟他們講述理由，你該做的是用情緒性的語言來讓他們關心，讓他們注意。

第三，雖然情緒性的語言可以深化參與感，但選對情緒會是成功的關鍵。確實，某些情緒屬於正面，某些屬於負面，但重點不在於讓人感覺好和避免讓人感覺不好。事實上，讓人感覺到驕傲或快樂的情緒，反而可能導致他們不去聽你要講些什麼。

因為維持注意力的關鍵比較不在於讓人感覺好或壞，而更在於打開好奇心的缺口，讓他們想要再多知道一點。不確定的情緒，或是更廣泛地說，不確定的語言，會讓人保持專注。如果已經知道哪邊鐵定會贏，那就沒有理由看完剩下的比賽。但如果勝負尚在未定之天，那他們就會留下來看是誰笑到最後。

用文字施魔法

大部分人都想做個更成功的溝通者。我們都會想把故事說得更動人，都會想透過對話進行更優質的交流，都會想在簡報時大放異彩，也都會想把內容建構得更好。而只要能理解情緒性語言的價值，我們就可以做到以上這一切。想要發揮出情緒的力量，我們需要：

① **自曝其短**：如果已經被看作「能力很強」的人，我們可以稍微表現出自身的不足之處，這麼一來別人不但不會討厭我們，反而會更喜歡我們。

② **打造雲霄飛車**：好的故事必須有高峰也有低谷。所以若想增進受眾的參與，我們

要適時添入負面的元素。儘管述說一路上歷經的挫敗，這可以讓最終的成功出落得格外甜美。

③ **變換節奏**：同樣的直覺也適用於敘事中的節奏搭配。一路順風雖然舒服，但人的注意力也會被你舒服掉，所以你如果想要抓住人的注意力，就得變換節奏，讓路途中多點顛簸。

④ **顧及背景**：在嘗試進行說服時，我們不能只是一味地使用正面的論述。情緒性的語言可以在電影與度假勝地等享樂型領域中幫助我們，但如果背景換成是軟體或工作應徵等實用型的範疇，那情緒性的語言就會產生反效果。

⑤ **先照顧感情，再解決問題**：解決問題的前提是理解提出問題的人。所以與其一頭栽進問題，不如先跟人建立連結。開局先用有溫度的情緒性語言來暖場，接著再用理性的討論來真正解決問題。

⑥ **啓動不確定性**：正確的字眼可以讓任何主題或簡報都變得精采。召喚出不確定的情緒（如驚訝），可以讓人保持專注。

透過對情緒性語言的理解與掌握，我們可以形塑我們給人的觀感，可以成為更好的說書人，可以迷倒台下的觀眾，還可以設計出更具吸引力的內容。

接下來，我們要檢視本書的最後一種咒語，那是一種可以傳達出相似性的咒語。

1 Elliot Aronson et al., "The Effect of a Pratfall on Increasing Interpersonal Attractiveness," *Psychonomic Science* 4, no. 6 (1966): 227–28, https://doi.org/10.3758/BF03342263.

2 馮內果或許是首批在這個概念的傳達上展現出強大說服力的作家一員，但這個概念其實相當古老。早在西元前四世紀，亞里斯多德就主張所有的故事都有共通的模式，或稱軌跡，並可以被區分成三個關鍵部分。在一八六三年，古斯塔夫．佛瑞塔格（Gustav Freytag）這名德國作家在亞里斯多德的模型基礎上，提出了一種看法是戲劇可以分成五個部分：導入、上升、高潮、下降與匯集。更晚近一些，從敘事理論家與語言學家再到文學學者跟所謂「劇本醫生」的專業寫手都提出了理論，無一不是在描述情節的架構與故事的輪廓。

3 See also Andrew J. Reagan et al., "The Emotional Arcs of Stories Dominated by Six Basic Shapes," *EPJ Data Science* 5, no. 1 (2016): 1–12, https://doi.org/10.1140/epjds/s13688-016-0093-1.

4 Peter Sheridan Dodds et al., "Temporal Patterns of Happiness and Information in a Global Social Network: Hedonometrics and Twitter," *PLOS ONE*, December 7, 2011, https://doi.org/10.1371/journal.pone.0026752.

5 有人可能會懷疑這樣的測量是不是準確，但單字的正向或負向性都與人類的判讀高度相關。所以每一塊劇本被我們評定出的正向或負向性，基本上都會符合人的觀感。

6 這種測量並不完美。像是 kill（殺）這個字會出現在主角殺死壞人的時候（非常正面的瞬間），也會出現在有人殺死主角摯友的時候（非常負面的瞬間）。同樣地，destroy（摧毀）這個字也不會直接告訴我們被摧毀的是壞人的太空船或主角叔叔的農場。惟雖然我們很難精準判斷個別字眼的真相如何，但集合在一起，我們還是能從一群單字中判讀出正在發生的某件事是好是壞，而且準度不會太差。

7 這樣的故事不僅更精彩，而且也更能讓聽者感覺他們也可以跨越自己生命中的逆境。畢竟如果那個人做得到，我有什麼不行？

8 Erik Lindqvist, Robert Ostling, and David Cesarini, "Long-Run Effects of Lottery Wealth on Psychological Well-Being," *Review of Economic Studies* 87, no. 6 (2020): 2703–26, https://doi.org/10.1093/restud/rdaa006.

9 Shane Fredrick and George Loewenstein, in *Well-Being: The Foundations of Hedonic Psychology*, edited by D. Kahneman, E. Diener, and N. Schwarz (New York: Russell Sage, 1999), 302–29.

10 Leif D. Nelson, Tom Meyvis, and Jeff Galak, "Enhancing the Television-Viewing Experience Through Commercial Interruption," *Journal of Consumer Research* 36, no. 2 (2009): 160–72, https://doi.org/10.1086/597030.

11 編劇與製作人都說你不能把複雜如電影這樣的東西化約成區區一兩個資料點，而他們這麼說是對的。電影很複雜，一部電影的成功取決於很多環節：人的演技、電影攝影、配樂、導演、情節，而這還只是其中一部分而已。一部電影可以有一個很棒的故事，但如果卡司選得不對，或是導演的方向沒帶好，那劇本就會走調。但光說電影很複雜也是一種誤導。因為就算電影很複雜，也不代表世上沒有一些通用的準則可以讓我們把東西拍好。

12 Bart De Langhe, Philip M. Fernbach, and Donald R. Lichtenstein, "Navigating by the Stars: Investigating the Actual and Perceived Validity of Online User Ratings," *Journal of Consumer Research* 42, no. 6 (2016): 817–33, https://doi.org/10.1093/jcr/ucv047.

13 Matthew D. Rocklage, Derek D. Rucker, and Loran F. Nordgren, "Mass-Scale Emotionality Reveals Human Behaviour and Marketplace Success," *Nature Human Behavior* 5 (2021): 1323–29, https://doi.org/10.1038/s41562-021-01098-5.

14 更多範例可以參見：The Evaluative Lexicon (http://www.evaluativelexicon.com/) and Matthew D. Rocklage, Derek D.

Rucker, and Loren F. Nordgren, "The Evaluative Lexicon 2.0: The Measurement of Emotionality, Extremity, and Valence in Language," *Behavior Research Methods* 50, no. 4 (2018): 1327–44, https://doi.org/10.3758/s13428-017-0975-6.

15 Rocklage et al., "Mass-Scale Emotionality Reveals Human Behaviour and Marketplace Success."

16 Jonah Berger, Matthew D. Rocklage, and Grant Packard , "Expression Modalities: How Speaking Versus Writing Shapes Word of Mouth," *Journal of Consumer Research*, December 25, 2021, https://doi.org/10.1093/jcr/ucab076.

17 即便是同一種產品，上面也可以同時存在偏享樂性跟偏實用性的特質。如跑鞋的膠底跟車輛的油耗就是屬於實用性的特質，而鞋子的顏色或車輛的造型就是偏享樂性的特質。

18 Matthew D. Rocklage and Russell H. Fazio, "The Enhancing Versus Backfiring Effects of Positive Emotion in Consumer Reviews," *Journal of Marketing Research* 57, no. 2 (2020): 332–52, https://doi.org/10.1177/0022243719892594.

19 Li, Yang, Grant Packard, and Jonah Berger, "When Employee Language Matters?" Working Paper.

20 按照情況的不同，悲傷可以伴隨著確定性或不確定性。有時候我們會悲傷得很確定（狗狗上了天堂、朋友搬家到遠方），也有些時候我們會在悲傷中覺得不確定（狗狗生了重病，朋友有了搬到遠方的念頭）。

第六章

相似（與相異）的力量

為什麼有人升官有人不能？為什麼有些歌能大紅有些不能？就是有些書籍、電影、電視可以紅遍大街小巷，背後是什麼在驅動？

要回答這些問題，我們首先得從一樣截然不同的東西說起。我們先來說一個關於瓶裝啤酒的故事。

某年的一月初，提姆．魯尼（Tim Rooney）嚐了他人生的第一瓶左手牌的「四百磅猴子」啤酒。那口味不是他的最愛。還行，但沒有到超棒；有點甜，有點奶油味，苦得不是很舒服。整體而言，有點弱。五顆星頂多能給到三星。

在那之後的歲月中，提姆品嚐過了形形色色的啤酒。很難說出個準確的數字，但至少是四千兩百支起跳。因為這是他在 RateBeer.com 網站上給過評分的數量：拉格與艾爾、皮爾森與波特、酸啤酒與司陶特黑啤酒。從超市就買得到的大眾品牌如百威的米凱羅淡味啤酒，到你可能連聽都沒聽過的手工精釀啤酒，像是卡司凱德酒廠的「波本瘟疫」啤酒到艾佛瑞酒廠的朗普金南瓜啤酒，他通通喝過。

他心目中的第一名是美國德斯修酒廠的「無底深淵」（五顆星：「酒體豐滿且極

為醇厚，有油潤感及軟調性的碳酸感，最後拉出綿長而微苦的尾韻！」），他最喝不慣的是黑山酒廠的洞溪辣椒啤酒（零點五顆星：「我喜歡辣椒，我喜歡啤酒，但這款啤酒**爛爆了**。兩樣東西根本搭不起來。我喝了兩小口就整瓶餵水槽了。」）。在這兩個極端之間的幾千款啤酒則被形容為「清淡的甜」、「乾淨而爽脆，酒液呈金黃色」等各式各樣的風味。

RateBeer 網站的數十萬名用戶都是所謂的「zythophile」，意思就是「啤酒愛好者」。這個網站成立於二〇〇〇年，是個啤酒同好交換資訊跟分享意見的網路空間，而自成立以來，用戶所提供的評分累計已經超過一千一百萬筆。時至今日，這個網站已經是最受推崇、最具深度，評分也最準確的啤酒資訊集散地。

但在二〇一三年，史丹佛大學的科學家因為一個相當另類的理由對這個網站產生了興趣。他們想研究語言的變遷。

團體這種東西處於不斷的變動之中。成員會來來去去，會新陳代謝，而這麼一來各種事情也會跟著改變。一群同事可能習慣在會議室一起吃午餐，但隨著核心成員屆齡退休，也隨著新的成員加入，午餐會可能就在不知不覺中解散了。

那些研究者對這樣的變遷感興趣，或者更精確地說：他們對這種變遷裡的語言層面感興趣。團體成員對語言的使用會如何隨著時間演化？新成員會在融入團體的過程中改變圈子裡的語言習慣嗎？觀察這些改變，可以讓我們判斷出哪些成員會待得更久嗎？

RateBeer 為這問題提供了完美的測試場地。每個月的評論，都相當於是成員在這個時間窗口中如何使用語言的快照。而由於許多使用者本身都提供了數量眾多的評論，學者便可以輕易地追蹤他們的語言演化，起點是使用者加入社群的瞬間，終點則是他們停止貼文的時刻。

就以啤酒的香氣為例。在網站成立的早年，評論者會傾向於用 aroma（芳香）這個字來討論啤酒，比方說 It had a faint aroma of hops.（這支酒帶有淡淡的啤酒花香）。但時間一久，用戶們揚棄了 aroma 這個字，改用字母 S 作為 smell（氣味）的縮寫來代替，所以同一句的英文就變成 It had a faint S of hops.。

還有一種改變牽涉到跟水果相關的名詞（如桃子或鳳梨）。即便是只看同一款啤酒的評論，我們也可以觀察到愈來愈多用戶開始在描述味道跟口感的時候，用上了跟水果有關的字眼（「微微的柑橘調」或「熱帶水果風味」）。啤酒本身並沒有變，變的是人用來形容它們的語言。

沒有人發出通知要大家開始這樣寫，大家也沒有開會做出這樣的決議。但時間久了，字彙自然而然就變了，彷彿是有著生命的有機體，這個團體的語言隨著時間改變了形貌。

個人的語言習慣也是。隨著用戶在網站上待得愈來愈久，他們也開始採用起屬於這個社群的語言。把同一個人早期跟晚近的評論拿來比較，你能看出當中有顯著的差異。時間久了，用戶會愈來愈琅琅上口 carbonation（碳酸化）與 lacing（掛杯：殘留在杯壁的啤酒泡沫紋路）等啤酒的專用術語，同時他們也會開始減少使用第一人稱的「我」或「我的」。他們會愈來愈少用「我覺得……」或「在我看來……」，而愈來愈常遵照網站上的常規，把評論寫得更像是條列式的客觀事實。

為了得出更全面的分析，研究者計算了個別用戶與社群中其他人的語言相似度。也就是在該時間點上用戶的評論與 RateBeer 網站上其餘評論的單字使用有多相像。

研究者發現，人在此網站上的行為可以分成兩個明顯區別的階段。在剛加入網站的時候，用戶會相對有彈性。他們會學習社群的語言，然後自己也開始使用，當時的其他人在網站上習慣怎麼說話，他們都會跟風。

但在過了這個特殊的適應期後，用戶就會進入一個趨於保守的階段。他們會停止接納新的字詞，他們的語言會開始固化。整個社群與其常規會繼續前行、繼續變化，但老用戶已經不再與之亦步亦趨了。

語言也可以幫助我們預測用戶會在網站上持續發文多久。有些人一待就是好多年，有些人則待不到幾個月就不見了。而這一點從他們的用字中就可以看出端倪。對網站的語言習慣採用率較低的人，或是初加入時的語言蜜月期較短的人，離開的機率會比較高。根據用戶的頭幾篇評論，就可以預判他們對網站的參與熱度可以維持多久。

他們的語言已經預告了他們日後的行為，只是他們自己也不見得知道。

本書的前五章討論了不同類型的咒語。可以啟動身分認同跟能動性、可以傳達自信、可以讓我們問對問題、可以傳達出具體性、可以讓人感受到我們的情緒的各種字眼。

但為了真正理解語言，還有語言的影響力，我們必須將之置於環境脈絡中，亦即一個人說的話跟其他人說的話，彼此之間有什麼關聯。

而這也就是啤酒研究可以派上用場之處。因為這項研究並未暗指文字有好壞之分，這項研究所凸顯的是語言相似性的重要性。在此例當中，在語言的使用上配合團體的人，也更可能長期定居在這個網站上。

但是人會不會對線上社群持續投入，只不過是語言距離可以告訴我們的其中一件事情。而為了掌握這類型語言的力量，我們必須知道：（一）何時該合群地表達出相似性；（二）何時該與眾不同；（三）規劃正確的進程。

表達相似性

組織文化已經成為一個熱門話題。到處都在討論組織要如何建立一個強韌的文化，如何維持這個文化，還有如何僱用符合這個文化的應徵者。

但所謂的組織文化究竟是什麼？在信念與價值的一些模糊概念之外，組織文化是可以測量的嗎？融入組織文化對一個人的工作表現良窳，有任何的指標作用嗎？

線上啤酒社群擁有屬於他們的字彙表跟語言常規，組織也不例外。不同的部落擁有不同的行話，新創公司創辦人會一口一個「軸轉」（pivoting；根據產品和市場互動的結果，挖掘出一個新的方向，然後調整組織的策略），零售業者會談到「全通路」（omnichannel；全通路是指將所有線上與線下通路的接觸點整合，讓消費者能夠獲得不間斷的消費體驗），而華爾街的交易員則會管他們看不起的投資人叫 piker，因為這個字的本意就是「下注很小氣的賭客」，並把看好一個標的到極點的入迷狀態說成是 being junked up，就像是「嗑藥嗑到上癮」一樣。

在俚語與專用詞彙之外，組織或產業在語言的使用上也可能還有其他方向的獨特性。有些組織或產業會使用偏短跟經過剪裁的句子，而有些組織或產業則會使用較長的句子。有些行業說話比較具體，有些比較抽象。

為了研究語言與工作成就之間的關聯，一組科學家觀察了我們平常不太會放在心上的一種資料來源：電子郵件。[1]不同於 RateBeer 用戶，公司員工寫的不是評論，但他們會寫電郵。大量的電郵。他們會用電郵跟同事索取資訊，會用電郵提供對他人工作的回饋，會用電郵分享簡報的草稿，會用電郵排定與客戶開會的時程。數以千計的工作紀錄，涵蓋了所有你想得到的主題。

就當是花幾分鐘消遣一下，你可以打開你的「寄件備份」檔案匣，掃視一下裡面有什麼東西。你看上去可能只是些普普通通的公事和私人書信。甚至覺得瑣碎無聊。也許是這樣沒錯。但不是隨便一個誰的公事和私人信件，那是你的。

那些電郵有的是在討論某個文件的頁首，有的是在說投影片的第二十三張應該搭配什麼樣的圖片，感覺沒什麼了不起的內容，但它們都提供了你工作中的一個個時間切片。你不僅能從中看到各個專案或決策的階段性發展，還能從中回顧自己是如何演變成某人的同事、主管，甚至於潛在的朋友和真正的朋友。這些電郵就像是陶器的碎片或古文明的遺跡，只不過那個古文明就是你自己。因此，這些電郵可以告訴我們很多事情，包括你是誰，你一路走來是如何逐漸改變，或者一路始終沒有變。

科學家檢視了一間中型公司裡幾百名員工超過一千萬封的電郵互動，共計五年份的資料。包括會計部的蘇珊寄給人資部門的提姆的所有東西，業務部的露辛妲寄給研發部的詹姆斯的所有東西。但研究者看的不是他們寄出了多少封電郵，也不是這些電郵都寄給誰，而是寫信的員工在信裡用上了哪些字眼。

但這一點，也就是這項研究最有趣的地方。這些研究者沒有把重點放在員工們在信裡討論的內容（文件頁首或是投影片配圖），而是瞄準了一樣截然不同的東西：員工的文字風格。

在寫電郵的時候、講電話的時候，或所能想到的任何一種溝通方式的時候，我們都會傾向於專注在內容上。就以本章來講。如果要你對這一章的語言進行思考，那你多半會思索這一章的主題或談及的事項。比方說這章在開頭聊到了線上的啤酒評論社群，然後進入到對電郵語言的探討。

同理也適用於電子郵件。如果有人請你去看你自己的電郵，然後回報當中的語言使用，你可能也會專注在主題上。有一堆電郵是關於這場會議，有一些電郵是討論那個案子，然後有幾封信是關於你替一名同事籌畫已久的盛大退休派對。

這些都屬於內容。主題、話題或討論的實質部分。

而相對於內容的重要性不言可喻，有樣東西常不被我們放在眼裡：語言風格。試想今天有這樣一個句子：They said to follow up in a couple weeks.（他們說過兩週會再追蹤）。這個句子的內容（過兩週會再追蹤）讓我們對現狀有了個概念，但鑲嵌在這些內容中的，則是 they、to 與 a 等單字。

這些人稱代名詞、冠詞與風格性的用字，往往會湮沒在背景中。它們在我們眼裡沒什麼存在感。事實上，即便在我提到它們之後，各位也多半得回看句子，才能發現它們真的就在那裡。它們幾乎是隱形的。我們在閱讀時會自動略過它們，只在名詞、動詞與形容詞之間跳來跳去，因為這些詞性構成的才是語言的內容，才是我們要說的事情。

但在被忽視之餘，風格性的字眼其實也蘊含著很多資訊。溝通者在其傳達的內容上只有一定限度的彈性。如果有人問起某客戶多久之後會再詢問，而答案是「兩週後」，那你在內容上非得用到某種版本的「兩週後」不可。

但我們要如何表達這個內容，則是取決於自己。我們可以說「他們說過兩週會再追蹤」，可以說「過兩個禮拜要再跟客人回報」，或用任何其他我們喜歡的方式去表達。而這些措辭的差異或許看似雞毛蒜皮，因為它們只是反映了說話者的溝通風格，但其實我們可以從這些措辭中窺見說話者的本色。從個性到偏好，再到他們聰不聰明跟有沒有說謊，都可以從風格中找到答案。[2]

學者分析了這些員工的語言風格，精確一點說，是分析他們的用語與同事的用語具有何種程度的相似性。

或者換個說法，他們的文化適應性：員工有沒有跟周遭的人使用相同的語言風格。像是某名員工有沒有用「我們」或「我」等人稱代名詞去跟很常用這些代名詞的同事說話，有沒有跟同儕一樣常使用冠詞（a／the）跟介系詞（in／to）。

所得出的結果讓人很是驚奇。語言相似性確實會形塑工作上的成功。語言風格近似同事的員工會有三倍的機率獲得升遷。同時他們還能斬獲更好的評價，以及更高額的獎金。

就某方面而言，這是好消息。因為那代表如果你在新公司適應得很好，那好的工作績效就是指日可待。

但其他人呢？那些適應不了新文化的人會怎麼樣？

確實，語言風格跟新公司格格不入的人沒有那麼幸運。他們被炒魷魚的機率是其他人的四倍。

所以沒能從一開始就適應環境的人，就注定是失敗者了嗎？

也不見得。因為研究者不只研究了員工最初的適應狀況，他們也觀察了員工長時間下來的融入情形。看看是否有某些員工適應得比其他人好。

一如啤酒論壇上的狀況，大部分新人都適應得很快。在公司待了一年後，他們大都已經能習慣組織內的語言常規。

但習慣的程度高低，還是存在個別的差異。有些人適應得很快，有些人適應得慢點。

所以說適應能力也可以反過來解釋職場上的成敗。那些飛黃騰達的人適應得很好。而那些最後落得被開除命運者，就是自始至終都沒能適應之人。後者一開始就不適應組織文化，之後更是每況愈下。

語言相似性甚至能協助我們區分出哪些員工會在公司長久發展，哪些員工會另

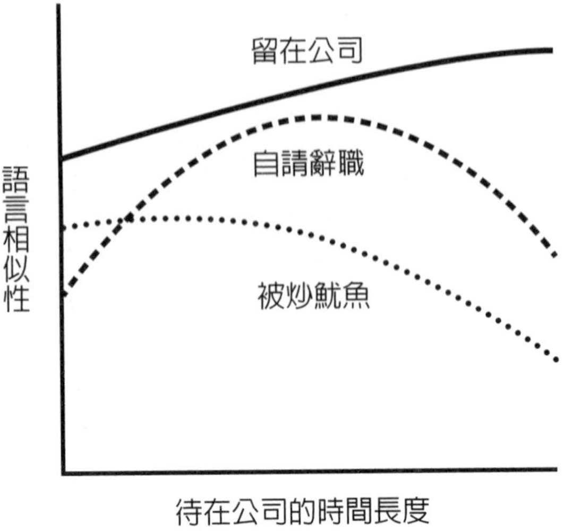

謀高就。這裡說的另謀高就不是被開除的反諷用法，而是真的在某處獲得了更好的發展機會。這類人早早就融入了環境，但在某個時間點，他們會開始在語言上另闢蹊徑。這些人很顯然不是沒有能力適應，只是最終他們會停止繼續跟隨，而這也就預示了他們的自請離職。

比起一開始就跟公司的調性很合，真正重要的是人的適應力。原本就很適合公司的人會贏在起跑點，但對環境變遷具有快速適應力的人會在後來超車，成為更加成功的人士。適不適合不是與生俱來的狀態，而是我們要有心去慢慢適應環境。

電郵研究凸顯了融入的好處。使用高相似性的語言可以讓我們獲致更好的工作評價、更高額的紅利獎金、更高的升遷機率。相似性的好處遠遠不止於在工作上。在約會的世界裡，談話時的相似性會提高再約第二次的可能性。書寫風格相似的學生較有可能結交為朋友。語言風格相近的男女較有可能維持交往到三個月以上。[3]

使用類似的語言可以促進對話，讓人覺得彼此間有某種聯繫，也更能讓人感覺彼此是同一國的。而這些通通都有助於人與人之間建立起好感、信任感，以及各式各樣的正面結果。

但融入沒有例外地都是好事情嗎？還是說在特定狀況下，與眾不同其實會更好？針對這個問題，我必須到音樂產業裡尋找答案。

凸顯差異

在一個寒冷的秋日午後，蒙泰羅．希爾（Montero Hill）在老地方——他的房間裡——做音樂。嗯，精確一點說是在他房間的壁櫥裡做音樂。有時他也在祖母家的櫃子裡做音樂。哪裡比較安靜他就往哪裡去。

如同許多胸懷大志的音樂人，這名沒工作的十九歲大學輟學生正嘗試著不同的可能性，希望能做出一首熱門暢銷曲。在網路上推廣自己的音樂就是他的全職工作，他把作品上傳到 SoundCloud 平台上，努力地想成為新的流行。

萬聖節當天，他滑著 YouTube 尋找可用的伴奏，就是在這時他找到了某樣東西，深深打動了他的心。那是出自荷蘭一名新興音樂人之手，取樣了美國樂團「九寸釘」（Nine Inch Nails）某首歌曲的再製作品——這個荷蘭傢伙也在自己房間裡做音樂。

蒙泰羅花三十美元購入了這首伴奏音樂，填入了一些歌詞，然後在幾週後發表了一首單曲。

任何一首歌走紅的機率都微乎其微。而對於新進音樂人或沒有被唱片公司簽下的創作者而言，這個機率又更加渺茫，因為沒有簽下合約就代表沒有廣播電台會幫忙播出他們的作品。

SoundCloud 上存在著數億首歌曲，並且以每天幾十萬首的速度增加。很少歌曲能夠被播放超過寥寥數次，而這其中大多都是已經擁有眾多追隨者的音樂人所創作的熱門歌曲。

但這首歌不一樣。這首歌在網路上炸開來。

蒙泰羅（如今他的藝名是納斯小子〔Lil Nas X〕）的這曲〈鄉村老街〉（Old Town Road）累積了幾十億次的串流播放跟上千萬筆的銷售量，更寫下了《告示牌》（*Billboard*）的歷史新猷，在該排行榜上連霸了十九週的第一名。這也讓納斯小子的名號家喻戶曉，使他被《時代》雜誌選為在網路上最具影響力的人物之一。對一個窩在房間裡做音樂的年輕小伙子來講，這成績真的沒得挑剔了。

但〈鄉村老街〉能紅成這樣，到底靠的是什麼？這首歌的成功能揭示事物爆紅背後的某種祕密嗎？

產業高層、文化評論者、消費者一直以來都在納悶的一件事，就是為什麼有些歌能紅，其他就紅不起來？有些單曲可以收穫幾百萬、幾千萬次的流量，有些則無人聞問。每有一首〈鄉村老街〉橫掃排行榜，就有數千首，甚至數萬首歌曲始終沒沒無聞。

一種可能是成功是隨機的事件。亦即一首歌能不能闖出名號，背後單純是一種運氣或機率。確實，就算是所謂的權威跟專家，這個伯樂認出千里馬的能力也相當之差。貓王曾被人說他應該回去開卡車。披頭四曾被告知吉他團體已經沒戲唱了。女神卡卡曾被嫌棄她的音樂太過「舞曲導向」，所以很難賣得起來。暢銷曲的背後就算真的有什麼邏輯存在，那深藏若虛的真相往往難以用我們的眼睛鑑別出來。

不過為了確認那當中究竟有沒有較為系統性的原理在運行，葛蘭特．派克跟我還是在幾年前開始探索起暢銷金曲的祕密。[4]每首歌都是獨一無二的存在，但我們還是想知道成功的曲子之間是否有某種共通點。尤其是，我們想知道暢銷曲跟同類型的其他歌曲之間，是傾向於相似還是不同？而為了測量相似性，我們檢視了每首歌所觸及的主題。

對特定的歌曲而言，主題是顯而易見的東西。黛安娜．蘿絲跟萊諾．李奇對唱的〈無盡的愛〉（Endless Love）擺明是首情歌，不只歌名裡就寫上了「愛」字，開頭第一句歌詞就是 My Love，第三行的歌詞裡也有 love，而在這之後的整首歌裡，love

字又再出現了十二次。

狀況類似的歌曲還有蕾哈娜的〈找到愛〉（We Found Love）、Boyz II Men的〈與你纏綿〉（I'll Make Love to You），席琳．狄翁的〈因為你愛過我〉（Because You Loved Me）。這些歌的歌名與歌詞都讓我們很輕鬆去將它們分類成情歌，而確實，它們都是史上最經典情歌名單的常客。

但有些歌曲就不是那麼好分類了。娜塔莉．安柏莉亞（Natalie Imbruglia）的〈撕裂〉（Torn）一曲是在講述愛與分手的煎熬，但love這個字在這首歌裡，你是找不到的。歌名中沒有、歌詞裡也沒有。像這種隻字不提愛的情歌還有彼得、保羅與瑪麗三重唱（Peter, Paul and Mary）的〈坐噴射機離開〉（Leaving on a Jet Plane）跟不要懷疑樂團（No Doubt）的〈別說〉（Don't Speak）。

再者，雖然許多歌很明顯是在談論愛，但「情歌都很像」這句話我們很難輕易說出口。貓王的〈情不自禁〉（Can't Help Falling in Love）跟卡莉．安德伍（Carrie Underwood）的〈偷情之前〉（Before He Cheats）在都觸及了愛的主題之餘，很明顯不是同類歌曲。有些情歌，如卡翠娜與搖擺合唱團（Katrina & the Waves）的〈漫步陽光下〉（Walking on Sunshine），講的是快樂而正面的愛，而另外一些情歌如瑞克・史普林菲爾德（Rick Springfield）的〈傑西的女友〉（Jessie's Girl），講的是苦澀的單相思，還有一些情歌，像是艾拉妮絲・莫莉塞特（Alanis Morissette）的〈你應知道〉（You Oughta Know），則是在表達對前任情人的怒火。

說這些情歌都在講同一件事情，就像在說巧克力蛋糕跟蟹肉餅（crab cake）都是蛋糕一樣。是啦，它們的名字裡都有 cake 這個字，但它們的本尊其實是很不一樣的東西。

跨出情歌的範疇，事情就更加棘手了。披頭四的〈Hey Jude〉算是在講什麼？搖滾歌手「王子」的〈當鴿子哭泣時〉（When Doves Cry）呢？這些問題大家很容易有天差地遠的答案。有人覺得布魯斯・史普林斯汀（Bruce Springsteen）的〈生在美國〉（Born in the USA）是關於愛國主義跟身為美國人的驕傲，但那首歌其實是在控訴美國政府對待越戰老兵的方式非常可恥。

這一切都在告訴我們，人的感知不見得是分辨一首歌的主題最可靠的指標。所以與其讓人來做這件事，我們請了電腦來幫忙。

想像一下你是個高中生，而且剛搬到一個新的城市。你在新學校裡誰也不認識，也不知道誰是誰的朋友，所以你必須透過觀察掌握狀況。如果你每次都看到丹尼跟艾瑞克湊在一起，你就會假設他們是朋友。如果他們其中一個人經常跟露西一起，又或者是他們三個經常混在一起，那你大概會認定他們都屬於同一個團體。

按照相同思路，你會繼續根據誰跟誰混在一起去劃分出其他的小團體。運動健將是一群，電腦宅男是一群，遊戲玩家是一群，搞劇場的又是另外一群。

這些團體都沒有固定的形狀，也不是正式的組織，但他們可以讓你對人的群體如何構成獲得一點概念。首先，即便是同一個團體的人，也不會全部都同時出現。你可能會看到兩個遊戲玩家在上課前聊天，然後又看到另外兩個不同的遊戲玩家一起吃午餐。但只要看到不同的配對或子集合經常湊在一起，你就會拼湊出整個遊戲玩家群體的樣貌。

再來，某些人對於特定群體的忠誠度高於其他人。運動健將出沒時常常也能看到露西的身影，但艾瑞克就不太會出現。他跟運動健將「同框」的機會大約只有兩成。

同樣的概念也可以應用在文字上。就像我們會根據誰跟誰常在一起玩而推導出哪些人是同一個群體的成員，這個統計學上被稱為「主題建模」（topic modeling）的手法，也可以使用單字同時出現的狀況來推導出深層的話題或主題。[5]

如果包含 love 這個字的歌曲也常同時包括 feel（感覺）跟 heart（心）這兩個字，那這三個字就可能同屬一個小團體。同理，如果 bounce（蹦跳）跟 clap（拍）或 jump（跳躍）跟 shake（搖）常一起出現，那它們就也可被歸在一組。透過觀察一首首歌曲（或是任何一種文本的段落）中出現的單字，就可以透過主題建模去根據單字同時出現的頻率將之分門別類。

請注意這種方法並不需要先定義組別的名稱。我們不需要預設有個組別叫作情歌，再一一去判斷各首歌是否屬於情歌，因為主題建模會讓各個主題（例如愛）從資料中自動浮現。各種跨歌曲的用字模式會決定最終有哪些組別，以及這些組別各自會是什麼。比方說跟愛有關係的歌曲也許就會有二或三組，同時還可能出現像「家庭」或「科技」等聽眾連想都沒想到過的主題。但是只要綜觀每首歌曲裡出現的單字，各種重要的歌曲主題就會自然而然浮現。

我們就是用這種辦法分析了幾千首歌曲，而我們也成功從歌詞中辨識出了許多重要的主題或話題。不令人意外地，愛是其中一個關鍵字。圍繞著愛的主題除了「火熱的愛」（當中包括 love、fire、burn 等字眼），還有一個主題是「未知的愛」（當中包括 love、need 與 never 等字眼）。

在這之外還有別的主題。「身體運動」（內含 bounce、jump 與 shake 等單字）是一個、「舞蹈動作」（內含 bop〔隨音樂起舞〕、twerk〔抖臀〕與 mash〔描述一種開合腳跟的舞步動作〕等單字）是一個，「妹子與車子」（girl、road、kiss 與 car）又是一個。

大部分的歌曲都混有不只一個主題。惠妮休斯頓的〈I Wanna Dance with Somebody (Who Loves Me)〉很顯然跟舞蹈有關，但同時是一首情歌。還有些歌曲同時觸及家庭與正能量的主題。就像一名高中生可以同時是運動健將兼遊戲玩家，或劇團成員兼班上的開心果，歌曲也可以同時扛起比重各異的不同主題。

確認過特定主題的字彙在每首歌中的出現頻率之後，我們量化了每首歌涉及各

主題	代表性的用字
憤怒與暴力	bad、dead、hate、kill、slay（殺戮）
身體運動	body、bounce、clap、jump、shake
舞蹈動作	bop、dab（手往上斜舉的舞蹈姿勢）、mash、nae（一種嘻哈舞步）、twerk
家庭	American、boy、daddy、mamma與whoa（嗚喔，意思是叫人「慢著」）
火熱的愛	burn、feel、fire、heart、love
妹子與車子	car、drive、girl、kiss、road
正能量	feel、like、mmm、oh、yeah
靈性	believe、grace、lord、one（合一）、soul
街頭認同	ass、bitch、dope、rich、street
未知的愛	ain't、can't、love、need、never

種主題的程度。接著又在同類型歌曲中得出平均值，藉此掌握了每個類型的歌曲傾向於討論的是哪些內容。

舉例來說，鄉村歌曲會唱到很多妹子跟車子（大約占歌詞的四成），但不太會唱到身體動作。饒舌歌曲大量談及街頭認同，但不太會談到愛。舞曲跟搖滾歌曲比較常唱到火熱的愛，而流行歌曲比較常唱到未知的愛。

最後的最後，我們分析了一首歌的非典型性與成功之間的關係。看看那些成功流行起來的暢銷金曲，和同類型的其餘所有歌曲之間究竟是傾向於相似或相異。

鄉村歌曲確實傾向於唱到很多妹子跟車子，但個別歌曲扣住這個典型鄉村歌曲主題的程度會有大小之分。同樣地，大部分搖滾歌曲會談到火熱的愛，但也有些主要唱的是未知的愛或舞蹈動作。透過對同類型中個別歌曲的比較，我們便可以在一定程度上掌握到某一首歌算不算是該類型的典型歌曲，以及這個事實和這首歌的受歡迎程度之間是否存在關聯。

事實證明非典型的歌曲獲得了更好的成績。一首講述妹子與車子的鄉村歌曲可以賣得不錯，但一首關於舞蹈動作或街頭認同感的鄉村歌曲則有更高機率大紅大紫。一首歌的歌詞在其所屬的類別中愈是有別於其他歌曲，就愈能在大眾之間流行起來。

而且這並不只是因為知名歌手傾向於使用非典型的歌詞，或非典型的歌曲更容易被廣播電台選播。排除掉這兩個層面的影響，也排除掉其他許許多多會造成干擾的潛在因素之後，非典型的歌曲依然呈現出有更多的銷售量和平台流量。

事實上，甚至當我們觀察同一首歌在兩個不同分類榜上的表現，也會看到它在比較屬於「亂入」的榜上排名更前面。同一名歌手、相同的歌詞，一切元素都沒變，但這首歌在其歌詞顯得更與眾不同的榜單中就是有更好的排名表現。[6]

是相異性帶來了成功。

講回到納斯小子的霸榜金曲。明白非典型性與商業成功之間的關聯，有助於解釋何以〈鄉村老街〉能脫穎而出。

〈鄉村老街〉裡頭有很多鄉村歌曲的元素。它用經典的斑鳩琴撥弦來開場，而且其頭幾句歌詞是在講述一件很符合刻板印象的鄉村事：騎馬（耶，我要帶著我的馬兒騎上鄉村老街／我要騎著馬，直到我精疲力盡）。

接著往下聽也是滿滿的鄉村套路，從牛仔靴、牛仔帽到Wrangler牌牛仔褲和騎牛，應有盡有。納斯小子本人在發布這首歌時稱之為鄉村音樂，傳奇鄉村歌手比利．雷．賽勒斯（Billy Ray Cyrus）也在重混音版中獻聲。這首歌在《告示牌》的初登場，也是出現在「熱門鄉村歌曲」的榜單上。

但聽得更仔細一點，你會發現〈鄉村老街〉很明顯不是什麼典型的鄉村小調。除了馬兒跟牛仔靴以外，歌裡面講的都是保時捷、奶子與嗨嗨水（lean，又稱紫水，盛行於嘻哈圈子中的一種娛樂用藥）。跟比利・雷合作的混音版裡提到瑪莎拉蒂跑車跟芬迪的運動胸罩。而那頂牛仔帽呢？可不是西部硬漢戴的 Stetson，而是奢華的 Gucci。

除了歌詞，編曲也一樣。確實是有用到鄉村風的斑鳩琴沒錯，但整首歌也貫穿著808鼓點和低音——都是嘻哈而非鄉村的特徵。果然，〈鄉村老街〉初登《告示牌》雖然是在鄉村音樂榜，但隔週它就移動到了「熱門饒舌歌曲」的榜單上。

你可以說它是鄉村饒舌，鄉巴佬嘻哈，想怎麼叫都行，重點是〈鄉村老街〉顯然一點也不典型。這種不拘一格、突破框架的曲調就是不甘於被歸類。說是鄉村又太過饒舌，說是饒舌又太過鄉村，它將不同的傳統融合為一，創造出了某種嶄新而另類的事物。

惟雖說這首歌是非典型的，這遠遠說不上是它成功的理由。就事實而言，它的成功完全是可預測的。其本質上的不凡正是這首歌得以一炮而紅的一切原因。[7]

何時該求同，何時又該存異

音樂研究的結果非常有趣，但跟電郵研究擺在一起，我們就會看到一些很重要的問題。使用相似的語言似乎可以在辦公室裡為我們取得成功，但使用相異的語言可以讓歌曲更受歡迎。所以說在什麼狀況下是求同比較好，什麼時候又是求異更理想呢？

我們可以從個別領域的某些特點看起。比方說電郵的語言可能比較正式，而音樂的語言可能更重視情感的表達。電郵往往是寫給少許人看，而歌曲則是要讓大眾聽到。

但究其核心，真正的差別其實在於相似性與相異性各能喚起什麼、讓人聯想到什麼，以及何者在所處的特定語境中更為適用。

語言的相似性有著若干好處。使用相似的語言通常代表需要先聆聽別人說了什麼，所以不令人意外地，語言相似性關係到從約會到談判協商等各種人際互動的成功率。[8]如前面所提到過的，這種語言上的協調會讓參與對話者覺得他們是同一隊的、是同一國的，而這種想法就能促進好感、強化信任、拉近距離。事實上，朋友之間會使用近似的語言，使用近似語言的人也更可能變成朋友。就像同天生日或上同一所高中那樣，使用類似的語言可以讓人覺得彼此有共通點、覺得意氣相投。

但話說回來，相異性也不是沒有好處。就像一遍又一遍聊著相同話題很快就會索然無味，不斷重複聽同一首歌也會讓人感到疲乏。人的內心深處有股想要追求新意、追求刺激的衝勁，並且重視新事物，而這部分是因為新事物能滿足他們的需求。相較於同樣的事情一做再做，人會去尋找能帶來變化與令人興奮的新事物。

差異性也和創意與記憶點有著關聯。具創造力的人有一個特質，他們的思緒會在不同的點子間跳躍；而那些措辭更加與眾不同的口號跟電影金句（如《星際大戰》的「願原力與你同在」〔May the Force be with you〕跟《亂世佳人》裡白瑞德對郝思嘉說的那句「老實說，思嘉，我根本無所謂」〔Frankly, Scarlett, I don't give a damn〕）會在人的心中更有記憶點。[9]

所以說整體而言，相似性與相異性並沒有絕對的好或壞。相似性可以給人熟悉感與安全感，但熟悉跟安全也可能讓人覺得無聊。相異性可以帶來興奮與刺激的感受，但壞處就是當中存在著風險。

所以說，相似性或相異性究竟誰比較好，取決於你所屬的情境中重視的是什麼。

在大部分的辦公室裡，融入都是一件很重要的事。當然啦，企業會宣稱他們渴望創新與創意，但他們最想要的還是聽話的員工能好好把工作完成。他們要的是能好好融入公司、有團隊精神的那種員工。而這個時候，與眾人一致的語言就可以幫助你表現忠心。相異性的價值或許在某些時刻會受到重視，但相似性的價值更受青睞才是公司的日常。

然而說到新上市的音樂，人都想追求新鮮感，所以相異性是好事一樁。非典型的電影通常也會更賣座，而各式各樣其他的文化產品也可能都是如此。音樂劇《漢彌爾頓》（*Hamilton*）能夠風靡一時，其中一個原因就是其風格與戲迷所熟悉的音樂劇迥然不同。

事實上，雖然非典型的歌曲普遍比較受歡迎，但流行音樂（pop music）的模式正好背道而馳。這非常合理，畢竟你幾乎可以說流行音樂的定義就是與大眾口味相似的音樂。流行歌曲常被嗤之為平凡無奇或公式化，這種歌的設計就是要符合主流標準，而非成為前衛的作品。因此在一個熟悉感受到珍視的領域裡，相似的歌曲會更為成功也很正常。

你所從事的是創造力、創新、刺激等元素受到重視的領域嗎？那語言的差異性就可能幫助到你。你在熟悉度、融入群體跟安全性更優先的職場中上班嗎？那語言的相似性就是你可以好好利用的工具。

什麼東西跟葡萄柚最像？

啤酒、電郵、音樂等研究都檢視了事物之間的相似性：網站用戶與社群之間的相似性、上班族與同事之間的相似性、同類型歌曲之間的相似性。

但還有另外一種相似性也很要緊，那就是同一個事物中的各個部分之間的相似性。比方說，一本書裡的不同章節。

就算你沒聽過《龍紋身的女孩》（*The Girl with the Dragon Tattoo*），身邊也會有人聽過。這本心理驚悚小說是瑞典作家史迪格．拉森（Stieg Larsson）的千禧三部曲第一集，世人在此首次認識了女主角莉絲．沙蘭德（Lisbeth Salander）這個聰明絕頂但內心有著許多困擾的電腦駭客。《龍紋身的女孩》先是在瑞典出版，獲得廣大迴響之後翻譯到世界各地。千禧三部曲累積銷售超過一億本，並被列入了二十一世紀的百大選書。

一本書能走紅，顯然有多種成因。主題必須有趣，角色必須吸引人，情節必須精彩。問題是，究竟怎樣的情節才算是精彩呢？

我們在第五章討論到的情緒軌跡提供了一些切入的角度，但那並不等於事情的全貌。

書評在評論《龍紋身的女孩》這類書籍的時候，常用上同一批句子：「故事節奏很快」、「引人入勝，毫不拖泥帶水」、「情節進展迅速，讓我欲罷不能」。確實，很多人都會在描述一本喜歡的書時提到情節推進明快。但情節的推進很明快到底是什麼意思？情節推進得很明快就一定是好事情嗎？

要回答這個問題，我們首先必須明白單字之間的關係，或者說是單字之間的相似性。

跟葡萄柚最相似的是哪一個東西？奇異果、柳橙，還是一隻老虎？

這乍看是個送分題。只要你是個人，至少只要你不是三歲以下的小孩，你就會覺得答案相當明顯（是柳橙）。

但要判斷出幾千個單字的相似性，而且還要快，你就需要電腦的幫助。而且有點讓人想不到的是，電腦想答對這些問題還挺辛苦的。

機器學習的基礎概念是電腦可以從資料中學習。電腦可以吸收現存的資訊，辨認出當中的各種模式，然後甚至能做出決策，全程只需要微乎其微的人類干預，甚而完全不需要。

想想亞馬遜或 Netflix 上的推薦。並不是有人類或小精靈在網路上忙著蒐集資訊和做出推薦，是機器決定做出這些推薦。演算法會觀察你都看過買過哪些東西，別人又看過買過哪些東西，然後用這些資料做出有依據的猜測：你可能會喜歡哪些別的東西。

最近剛買了件上班要穿的襯衫，還是在廚房添了台新的咖啡機嗎？亞馬遜可能會去看買過這兩樣東西的人傾向於喜歡什麼東西，然後推薦類似的襯衫或其他廚房新玩意給你。剛看完《神鬼認證》嗎？那 Netflix 就可能會推薦你〇〇七電影或其他動作片。

要做出這樣的推薦，尤其準確率還不能太低，則演算法必須觀察事物間的關係。買了 X 的人好像都喜歡 Y，那推薦 Y 給買了 X 的你就很合理。

自動選字，或可以說是預測字詞，在你的手機上也是以類似的方式在運作。打出字母 d，手機就會推薦你 do，而要是你接受推薦或自行打出了 do，那手機接下來會推薦你一連串的單字，像是 we、need、more 與 milk，合起來就是「Do we need more milk?」（我們需要添購牛奶嗎？）演算法使用你（與其他人）拼過的字詞去合理推測你想要說的是什麼。

然而比起給出這些推薦還算容易，判斷是奇異果還是柳橙更像葡萄柚卻讓電腦吃足苦頭，因為那當中的關係沒那麼容易觀察到。沒有人會在亞馬遜上買葡萄柚，我們會去超級市場買，可是就算觀察在超市的消費紀錄一樣沒有多大用處。有些人買葡萄柚、有些人買奇異果，還有些人買柳橙，但購買模式並不能讓我們看出這些物件之間的相似性。買葡萄柚的人也可能買麵包、魚，或其他雜七雜八的東西，這些東西經常一起結帳的資訊並沒有太大的意義。事實上，常跟葡萄柚同時購買的一樣東西是茅屋起司，而這兩樣東西也沒有多相似。

不過，雖然購買資料對推導兩樣物品間的相似性沒有多大用處，日常語言的資料就有用多了。

日復一日，地球上的數十億人口在網路上寫下數以兆計的單字量。新聞報導被寫出來，網路評論被貼出來，各種資訊被更新。分開來看時，個別的報導或評論或許就只是那樣，但合在一起時，它們就可以展現出各種概念與觀念之間的關係，讓我們獲得一種全面性的視角。

就以「醫師進入手術室並戴上了手套」這個句子來講。表面上，這句話很簡單，但對想要搞清楚不同單字與概念之間有什麼關係的電腦來講，就提供了許多有用的情報碎片。這個句子告訴我們一名「醫師」進入了一個叫作「手術室」的地方，並戴上了一種叫作「手套」的東西。

這跟用來辨識歌曲主題的方式差不多，綜觀了各式各樣使用類似單字的句子後，也讓電腦慢慢對不同單字、概念或觀念之間的關係有了一些輪廓。如果「醫師」常在「手術室」進進出出，而且還在那裡戴上「手套」或跟「病人」交談，那電腦就可以慢慢想像出「醫師」的身分跟職責。

小孩子學習就是這樣一個過程。十五個月大的小女嬰第一次看到你手指著臉中間的東西說「鼻子」，她並不知道你在說什麼。對她而言，鼻子是一個陌生的新東西，就跟「民主制度」或「反政教分離運動」（antidisestablishmentarianism）差不多。但反覆聽到你指著你的、她的、書裡的鼻子說 nose，她終究學會了鼻子是什麼東西。

機器學習也是一樣的模式。透過把維基百科之類的資料庫上所有的文章都吸收內化，或是把谷歌新聞上出現的所有東西攝入大腦，電腦就可以慢慢學會每個單字的意義跟單字之間的關係。

如果說「狗」常被提到是「友善」的，那讀者（與機器）就會慢慢把這兩種概念連結在一起，覺得這兩者是有聯繫的。同樣地，如果「貓」常被說成是「孤傲」

的，那這兩個概念間的聯繫就會獲得強化。

單字甚至不需要同時出現，它們之間的連結也照樣可以成形。如果「狗是動物」跟「動物是友善的」各自出現的次數夠多，那麼即使直接說狗很友善的句子不曾出現，電腦也一樣可以把「狗」跟「友善」連結起來。

英國語言學家佛斯（J. R. Firth）曾經說過，「在文字的世界裡，一樣是物以類聚」（You shall know a word by the company it keeps）。換句話說，你只要觀察單字出現時的上下文，以及觀察它周遭都有哪些單字，你就可以在很大程度上知道某個字是什麼意思，它跟其他單字又有什麼關係。人常混在一起就更可能是朋友，字常混在一起就代表它們背後很可能有某種關聯。

在這種觀念的基礎上，一種叫作「詞嵌入」（word embedding）的技巧運用了這種字間關係，去把單字置放在一個多維度的空間中。在搬進新家，要把東西放進廚房裡的時候，我們會傾向於把相關的物品集中在一塊：大小湯匙都歸在金屬餐具的抽屜裡；各種蔬果都放進冰箱冷藏；不同功能的清潔劑都塞進水槽底下。

詞嵌入對單字做的也是類似的事情：愈是相關的兩個單字，它們被安放的位置

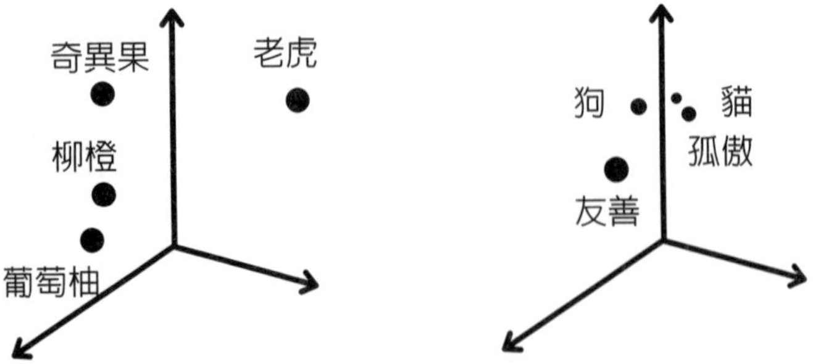

詞嵌入的維度經常可以達到數百種，而非使用只有二維或三維的座標系。

就會愈靠近，由此「狗」與「貓」這兩個字就多半相當接近，因為它們都是動物也都是寵物。但根據它們的相關性，「狗」這個字可能會更接近「友善」這個詞，而「貓」則會更貼近「孤傲」。

而由於相關的單字會聚攏在一起，因此單字間的相似性就可以用它們之間的距離去測量。比如「葡萄柚」就會距離「柳橙」比較近，距離「奇異果」就略遠一點，而這就表示出葡萄柚跟柳橙的概念比較相近。而理所當然的是，所有水果都跟「老虎」這個字離得相當遙遠。

安排情節的正確進程

詞嵌入是種了不起的東西。如我們將在最後

一章中有所討論的，詞嵌入可以被用來研究種種主題，從性別偏見、族群歧視到思想的演化。

但要研究書籍或電影是不是會在情節推動較快的情況下賣得比較好，我跟一些同事決定把同樣的底層概念套用到較大塊的文本上（如句子或段落）。如同兩個單字相似度有高有低，關係有近有遠，一本書、一部電影或任何一種作品內容的任兩個部分也是一樣。若想弄清楚這當中的道理，可以回想看看高中時代的地球科學課本，課本中有各個不同的章節，分別介紹地殼、地震、天氣和太陽系等。

就以任何一章的第一部分來講，該部分會跟同章的下一部分高度相關。比如講地震的章節，該章可能是開宗明義地給出地震的定義，然後進展到地震的成因，這兩部分都會牽涉到類似的用字、片語與概念（如「地震」、「斷層」與「板塊構造」）。

同一個章節中的相鄰部分會頗為相似，而相較下，課本中兩個相隔愈遠的段落就會愈不相關。像地震章節就會用上很多太陽系章節沒有包含的概念與詞彙。

同理也適用於小說、電影或任何一種文本上。婚禮中的場景多半會跟同一場婚禮中的另一個場景頗為相似，角色會一樣，環境會一樣，人們正在做的事情也應該

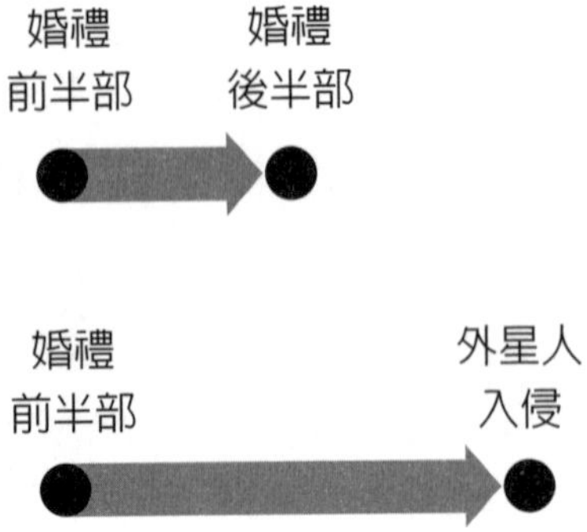

會有所關聯。

但這個婚禮場景大概就會跟外星人入侵地球、水肺潛水或是修理汽車的場景相似性較低。就算出場的角色一樣，地點、物件和牽涉到的事情也應該會相當不同。

很重要的一點是，雖然小說或電影中相鄰的部分通常有所相關，其相關的程度也會有不同；亦即，它們可能非常相似，也可能相差較大。

透過對一個故事中各個連續部分之間的距離進行測量，我們就能判定故事推進的速度是快是慢。[10] 如果一個故事從婚禮的前半部跳到外星人入侵，情節就算是推進得比較快，如果故事是從婚禮的前半部進入後半部，情節的推進就相對比較慢。就跟車子在同樣時間內走的距離更遠，車速就比較快一樣，當一個故事跳到關係較遠的場景時，移動的速度也更快。

接著，為了檢視情節速度與故事受歡迎程度間的關聯，我們分析了含書籍、電影與電視劇在內共計數萬筆內容，當中包括了狄更斯、傑克．凱魯亞克（Jack Kerouac）的經典作品，也涵蓋了比較近期的作品如尼克．宏比（Nick Hornby）的《失戀排行榜》（*High Fidelity*）跟丹妮爾．史蒂爾（Danielle Steel）的《安全港（暫譯）》（*Safe Harbor*），外加《星際大戰》、《黑色追緝令》等電影，還有《我愛露西》、《南方四賤客》跟《勝利之光》（*Friday Night Lights*）等電視節目。

整體而言，我們發現了速度是件好事。書本、電影與電視劇，只要是情節進度較快者，都會比節奏較慢者更受到歡迎。

就如同非典型的歌詞會讓歌曲聽起來更有趣，較快的情節推進也會讓故事顯得更刺激。比起拖著腳步慢慢走，加快不同主題與概念之間的推進，可以讓觀眾產生更正面的回應。

此外，我們發現在故事的內部，有些地方比較適合情節走快一點，但也有些地方適合情節走慢一些。[11]

在書本或電影的開頭，畫布還是一片空白時，讀者或觀眾對角色都不認識，對故事的設定還有人事物之間的關聯，也都還一無所知。換句話說，故事的開始要先搭建舞台、鋪設基礎，建立起後續敘事的跳板。

慢慢地著手展開故事是很關鍵的。讀者或觀眾需要時間消化人物角色、人物之間的關係，乃至於各式各樣的細節，所以一開始節奏不宜太快，否則會把人搞迷糊。在一場接力賽跑中，如果第一棒衝得太快，第二棒會追不上而無法順利交棒。同理也適用於說故事：如果情節一開始推進太快，讀者或觀眾會被拋在後頭望塵莫及。

而那正符合我們的發現：在故事的初期，速度是有害的。觀眾對慢慢開展的故事比較有好感。

的確，經典的民間童話或兒童故事在開頭往往會先重複一個相似的概念。在〈三隻小豬〉裡，第一隻小豬蓋起了他的稻草屋，結果被大野狼吹倒了。然後第二隻小豬也歷經了類似的遭遇。

笑話也是同樣的道理。喜劇往往遵循所謂「三的法則」，或稱喜劇三連發，也就是同樣的事情會發生在好幾個人身上。神父走進酒吧，發生了一些事情。然後修女走進酒吧，又重演了同樣的事情。

但一旦相似性幫故事鋪好了地基，故事就必須開始推進。如果同樣的事情發生在第三隻小豬身上，或發生在第三個走進酒吧的猶太拉比身上，那故事就會馬上變無聊了。所以雖然相似性可以把哏鋪好，可以建立期望，但一旦聽故事的人認識了角色，也理解了故事的背景，這時油門就應該要踩下去了。

的確，隨著故事脫離鋪陳的階段，速度的效應就會開始反轉。讀者或觀眾確實樂於能好整以暇地進入故事的設定，但等背景介紹完之後，速度就會取代從容成為新的美德，以至於愈往後走，節奏愈快的故事就愈討喜。

故事的進展速度有其影響力，但該快還是該慢要看你處於敘事的哪個階段。最理想的情節安排是開始先慢慢來，但等大家都順利上了船之後，就要把速度拉起來，並一路上逐步累積起讀者/觀眾心中的興奮感與參與感。

綜觀這所有的發現，這些結果對說故事和其他所有人際溝通都有很重要的啟發。如果你的目標是提供娛樂，那速度就是好事。緊湊的節奏可以持續刺激觀眾，讓他們全神貫注。但在故事的一開始宜慢不宜快，因為你要等人上船，而當大家都就定位、情節有了進展，故事就可以加速前進了。

然而如果目標是提供資訊，那你就應該考慮一種不同的情節軌跡。事實上，當我們檢視的是學術論文的成功，而論文注重的是傳遞訊息而不是娛樂，此時的速度是有害的。雖然在相關的概念間快節奏移動可以讓內容更刺激點，但那也會讓讀者或觀眾有跟不上之虞。所以當你的目標是讓人聽懂的時候，特別是你要傳達的是複雜的觀念之時，一步一腳印才是上策。[12]

用文字施魔法

我們常過於專注於自己想說什麼，以至於忘記思考我們要如何把這些東西說出來。而語言上的相似性甚至是更加難以察覺的部分。

但這並不表示它不重要，因為相似性影響了各種各樣的事，從誰會升官而誰會被炒魷魚，到哪些歌曲、書籍與電影才能大獲成功。要發揮語言相似性的價值，我們有以下幾種做法：

① **求同**。當熟悉度堪以利用，或符合我們的目標時，那相似的語言就可以成為我們的助手。留心我們的同事都是怎麼說話的，把他們說話時的一些習性拿來採用，可以讓我們在辦公室裡更加如魚得水。

② **存異**。但相似性並不是萬靈丹；與眾不同也有其裨益，特別是當你從事的工作很重視創造力、創新或刺激，這時候與眾不同會是更好的選擇。

③ **為故事選擇正確的節奏**。再者，當你在擬定簡報、劇本或任何一種內容時，別忘了要去思考主題的進展速度。從容地開始是為了讓觀眾有時間上船，而等大家都跟上了之後，我們就可以加快步伐來增加刺激感；尤其如果娛樂是你的目的。惟若你的目的是要傳遞知識，那放慢速度並腳踏實地就會是你該走的方向。

透過對語言相似性的理解與關注，我們將可以提升溝通的效率、創造出更好的內容，乃至於對事物的成敗關鍵獲致更深刻的體悟。

---

1 Amir Goldberg et al., "Enculturation Trajectories and Individual Attainment: An Interactional Language Use Model of Cultural Dynamics in Organizations," in Wharton People Analytics Conference, Philadelphia, PA, 2016.

2 James W. Pennebaker et al., "When Small Words Foretell Academic Success: The Case of College Admissions Essays," *PLOS ONE*, December 31, 2014: e115844, https://doi.org/10.1371/journal.pone.0115844.

3 See, e.g., Molly E. Ireland et al., "Language Style Matching Predicts Relationship Initiation and Stability," *Psychological Science* 22, no. 1 (2011): 39–44, https://doi.org/10.1177/0956797610392928; Balazs Kovacs and Adam M. Kleinbaum, "Language-Style Similarity and Social Networks," *Psychological Science* 31, no. 2 (2020): 202–13, https://doi.org/10.1177/0956797619894557.

4 Jonah Berger and Grant Packard, "Are Atypical Things More Popular?," *Psychological Science* 29, no. 7 (2018): 1178–84, https://doi.org/10.1177/0956797618759465.

5 David M. Blei, Andrew Y. Ng, and Michael I. Jordan, "Latent Dirichlet Allocation," *Journal of Machine Learning Research* 3 (2003): 993–1022, https://www.jmlr.org/papers/volume3/blei03a/blei03a.pdf.

6 有人會想說非典型的歌曲之所以比較成功，是不是因為我們只挑成功的歌曲去看。說不定不紅的歌曲也跟典型不同啊。為了測試這種說法，我們找了沒賣起來的單曲來作為配對的對照組。針對每一首排名靠前的金曲，我們都隨機挑了一首同歌手、同專輯，但沒能上榜的單曲來對照。結果比起暢銷曲，這些配對的失敗單曲都更接近典型，而這也呼應了我們認為非典型有助於銷售的想法。

7 雖然非典型的歌曲比較受歡迎，但有人會說典型的音樂特徵會有助於作品在所屬的類型中落地生根。如〈鄉村老街〉開場的撥弦會讓人當即想到鄉村歌曲。類似的曲風與不一般的歌詞或許讓新舊交融發揮了最大的效果。這首歌老派到讓人內心被喚醒一種溫暖的親切感，但又異端到讓人感受到刺激與新穎。

8 Ireland et al., "Language Style Matching Predicts Relationship Initiation and Stability"; Paul J. Taylor and Sally Thomas, "Linguistic Style Matching and Negotiation Outcome," *Negotiation and Conflict Management Research* 1, no. 3 (2008): 263–81, https://doi.org/10.1111/j.1750-4716.2008.00016.x.

9 Kurt Gray et al., " 'Forward Flow': A New Measure to Quantify Free Thought and Predict Creativity," *American Psychologist* 74, no. 5 (2019): 539, https://doi.org/10.1037/amp0000391; Cristian Danescu-Niulescu-Mizil et al., "You Had Me at Hello: How Phrasing Affects Memorability," *Proceedings of the ACL*, 2012.

10 Olivier Toubia, Jonah Berger, and Jehoshua Eliashberg, "How Quantifying the Shape of Stories Predicts Their Success," *Proceedings of the National Academy of Sciences of the United States of America* 118, no. 26 (2021): e2011695118, https://doi.org/10.1073/pnas.2011695118.

11 Henrique L. Dos Santos and Jonah Berger, "The Speed of Stories: Semantic Progression and Narrative Success," *Journal of Experimental Psychology: General.* (2022) 151(8):1833, 1842, https://pubmed.ncbi.nlm.nih.gov/35786955/.

12 我們也測量了故事的整體發展。很多人會說某個故事「討論的範圍很大」，或是在「繞圈圈」，其中前者可以是在描述一個故事的體量，而後者則可以是在講故事情節「拐彎抹角」的程度。以體量而言，四十分鐘跑四英里可以是一英里的操場跑四圈，也可以是只跑一個四英里的大圈。後者那一圈的體量或範圍就會比較大。

跑步的這個道理也適用於故事或論述。有些故事圍出的範圍比較大，也就是不重複地觸及了相關性較低的不同主題。有些故事則較為片面，只專注在為數較少且彼此相關性較高的主題上。為了掌握這個範圍有多大，我們會把每個故事裡不重複的重點用「保鮮膜」包起來，看當中的體量有多大。

體量是故事成敗的另外一個因子。討論的範圍大對電影而言是可以接受的，但對電視而言就會有傷害了。這是因為觀眾在消費不同媒體時所懷抱的期望值也不同。看電影的人比較是在尋找一種迥異於日常的體驗，是要被挑戰想法，要被傳送到異世界，而看電視的人則往往是在尋找一種唾手可得的日常消遣。所以說在電視裡討論太多太雜的東西，只會讓觀眾看得一頭霧水，看完也不會滿意。

我們還測量了故事「拐彎抹角」的程度，這說的是有些故事的發展比較直接，有些故事的發展則比較繞來繞去。雖然說繞圈圈感覺就不是什麼好事，但其實是好是壞還是不能一概而論。拐彎抹角其實對學術論文是一件好事。與其把關鍵的概念介紹完一次就結束了，反覆用不同的方式呈現它們，並且每一次都加深一點複雜性，可以讓讀者對這些概念有更深刻的理解，讓他們獲致更好的學習效果。

第七章

語言透露的祕密

一七二七年十二月十三日，有齣戲在倫敦的皇家劇院首演。名為《將錯就錯》（*Double Falsehood*）的這齣戲混合了悲劇與喜劇，出自劇作家路易斯・提奧波德（Lewis Theobald；1688-1744）之手。故事圍繞著兩名年輕女性，一個出身尊貴、一個卑賤，以及兩名男性，一個心地純良、一個邪佞。整個故事探索著這些人物的關係糾葛、家庭動態，乃至於彼此間的衝突與和解。

惟關於這齣劇最引人注目的，還得算是其來源。書名頁宣稱這齣戲的原作者是大名鼎鼎的威廉・莎士比亞（1564-1616）。提奧波德說他發現了一份不為人知的莎翁手稿，然後才含辛茹苦地將之修復成他手中的劇本。

但這齣戲真的是莎翁的原創嗎？考慮到莎士比亞在當時已經辭世逾百年，又有誰能把話說得斬釘截鐵？

鑑識語言學

請人列出歷史上最偉大的劇作家，會出現的大概就是那幾個名字。王爾德寫下了《不可兒戲》（*The Importance of Being Earnest*）與《格雷的畫像》（*The Picture of Dorian Gray*），在劇作史上頗負盛名。田納西．威廉斯寫就了《慾望街車》（*A Streetcar Named Desire*）和《熱鐵皮屋頂上的貓》（*Cat on a Hot Tin Roof*）。亞瑟．米勒則著有《推銷員之死》（*Death of a Salesman*）與《熔爐》（*The Crucible*）等美國文學經典。

但在這些名字之上，往往會高懸著另外一個名字：莎士比亞。有英格蘭國家詩人之稱的這名「雅芳的吟遊詩人」（Bard of Avon；雅芳是莎士比亞的故鄉），在眾人心目中是英文世界最偉大的作家。他是《仲夏夜之夢》與《威尼斯商人》等喜劇跟《羅密歐與茱麗葉》跟《馬克白》等悲劇背後的天才，各大語言中都有他作品的譯本。莎翁作品被演出的次數傲視任何劇作家，並在世界各地的劇場被奉為不可或缺的主角。

按照莎翁的盛名在外，大家會想當然耳地認為他的作品清單唾手可得。畢竟你去查詢王爾德、田納西．威廉斯、亞瑟．米勒，他們的作品集都能一目了然而且毫無疑義。

但換到莎士比亞身上，事情就會比較複雜一點。幾百年前不管誰寫了什麼東西，都沒有著作權的保護，所以他並不會把自己創作的劇本流通出去，免得有人抄襲。而這就導致了很多憑藉記憶寫就的盜版劇本出現。再者，莎士比亞有生之年都不曾出版正式的作品目錄，所以後世對他的作品劃定又更加霧裡看花了。事實上，很多資料來源在提到莎士比亞的作品集時，都會稱其劇本總數是「約莫」三十九部，畢竟精確的數字不得而知。

說起疑作，其中一部就是《將錯就錯》。提奧波德對這齣劇是莎翁所作之宣稱，其實不算離譜。畢竟提奧波德是手稿的收藏大家，而且經常出版與莎翁作品有關的著述，所以如果有人能發現莎士比亞未出版的瑰寶，那個人是他並不奇怪。

問題是，提奧波德持有的原手稿正本在圖書館大火中燒毀了，而這就讓他的主張變成了死無對證的一面之詞。再者，有鑑於莎士比亞的顯著地位，很多觀察家都對提奧波德的說法深表懷疑。他們認為提奧波德是個江湖郎中，只不過拿某個小作家的作品去蹭莎士比亞的名字以收穫名與利。

在《將錯就錯》首演之後的幾世紀間，這齣戲的作者身分仍持續遭到熱議。有些學者拿出證據認為該劇是由莎士比亞所作，也有人認為該劇是提奧波德原創。好像怕事情還不夠亂似的，一個主題類似的劇本早在一百五十年前就已經在倫敦問世，且據稱是由莎士比亞與某約翰·佛萊契（John Fletcher）合著。

所以《將錯就錯》究竟是誰寫的？莎士比亞、提奧波德、佛萊契，還是他們當中的某些人？不論如何這三個人都早已作古，這事看似只能成為永遠的懸案了。

然而到了二〇一五年，某些行為科學家想出了個破案的辦法。[1]他們並非案牘勞形地研究起歷史文件或埋首資料庫中。他們也不是去請教研究莎士比亞的學者，或拿著放大鏡尋找特定的詞句或語言轉折。事實上，他們根本沒有拜讀過《將錯就錯》就得出了結論。

他們只做了一件事情，那就是用電腦跑了這齣劇本。

想像你想要教會一個路還走不穩的小孩去認動物。牛、雞、山羊等各種農場上會有的動物。

一開始，你可能會給他們看牛的照片並唸幾次「牛」，然後你可能會給他們看雞的照片並唸幾次「雞」，最後你可能會給他們看山羊的照片，唸幾遍「山羊」。

但只這樣走一遍可能不太夠，畢竟如果一個十五個月大的嬰兒從來沒見過牛，他們大概沒辦法一口氣就學會認出牛。

所以你可能得帶著他們多練習一下。你會陪他們一起讀一本裡面有很多農場動物的童書，重複前面的過程好幾遍，然後也許再拿第二本書來做一樣的事情。你會讓他們看幾頭不同的牛、看一些姿勢不同的牛，每次都會唸出「牛」來鼓勵他們把牛的模樣跟唸法連結起來。

最終，透過再三把「牛」這個字和照片上那些又大又重、黑白相間的四腿動物配成一對，這個還在蹣跚學步的小朋友終於明白了。他們知道了牛不只是某一本書裡的某一張照片，而還包括其他東西。他們能在不同的書裡認出不同的牛，知道牠們是同一種東西，甚至於他們還能在之前沒看過的書中一張之前沒看過的圖片裡，自行認出那上頭有頭牛。

簡單講，他們學會了「牛」的概念。

認出某樣東西是或不是牛，就是一種「分類」的過程，而這是一件機器可以藉由訓練學會的事情。把一組圖片餵給演算法，然後在不同的物件上貼上標籤（這張圖是牛，那張不是），就能讓機器開始做出區別。這之後就算給它一張新照片，它也能利用自己從其他影像中學到的概念來正確歸類新照片上的東西是牛或不是牛。

文本也可以進行類似的分類。利用相關的範例進行訓練後，演算法就可以學著去認出社群媒體上的仇恨語言，或判定某篇報導應該屬於報紙上的哪個版面。

研究者利用近似的辦法決定了《將錯就錯》的作者是誰。他們把作者候選人已知的作品都找了來，然後一一用軟體進行了文本分析，統計出每部劇本各有多少字分別出現在共計幾百種的文字分類中，包括每部劇本各用了多少人稱代名詞（如「我」跟「你」），有沒有用上很多跟情緒相關的字眼，以及劇本中慣用長字還是短字等等。

雖然同一個作者也不是每部劇本都會得出一模一樣的規格，但在分析過幾十部著作後，科學家開始可以觀察出每個人在語言上的標誌性特色。然後透過比較這些個人特色跟《將錯就錯》中的文字風格，學者便得以判讀出這部疑作的原著。

根據分析結果，《將錯就錯》並非偽作。前三幕顯而易見是莎翁的手筆，而最後兩幕由莎翁的前搭檔佛萊契寫下的可能性最高。而素以喜歡下重手改動聞名的提奧波德也沒有閒著，因為文中很清楚有提奧波德進行編輯的斑斑斧鑿。

兩名行為科學家就這樣在完全沒讀過作品的狀況下，偵破了這一樁高懸幾百年的文壇奇案。

語言能告訴我們什麼

本書前六章都把重點放在了語言能產生的影響，包括我們可以如何使用咒語般的單字、片語、風格去讓自己更快樂、更健康、更成功，乃至於語言可以如何影響我們的同事、顧客與客戶。

惟一如《將錯就錯》的案例所彰顯的，語言扮演著雙重的角色。文字不僅可以影響或左右接觸到它們的閱聽人，文字還可以反映與透露出關於言者或筆者的特定情報。

莎士比亞傾向於使用相對少的情緒相關字眼，而提奧波德則用得相對多。提奧波德傾向於使用大量的介系詞（如 of、in 與 from）還有冠詞（如 the 跟 an），而佛萊契則傾向於使用大量的助動詞與副詞。不同的作者傾向以不同的方式書寫。

這麼一來，語言就變成了一種指紋。它會留下創造者的跡證與信號。

再者，由於類似的人也會有類似的文風，所以我們可以用某人留下的語言去判讀出他是什麼樣的人。老人家說話跟年輕人不一樣，民主黨說話跟共和黨不一樣，內向者跟外向者說話也不一樣。[2]他們不會完全用不一樣的字眼，那當中肯定有重疊處，但知道一個人說了什麼依然可以有助於我們精準地預測他們的年紀、政治觀點還有人格特質。

而語言的預測價值還不止於此。你可以根據他們使用的字眼去預測某人究竟是不是在說謊，或是用學生在申請論文中的用字判斷他在大學裡會不會表現良好。[3]你可以根據準媽媽在臉書上的貼文判斷她會不會罹患產後憂鬱，[4]或是根據在社群媒體上的發文（包括與兩人關係無關的那些）去判斷一對情侶是不是快要進入分手階段了。[5]

人會使用語言去表達自我，與人溝通，達到所欲的目標，也因此他們所使用的語言可以告訴我們很多事，他們是誰、他們有什麼感覺、他們將來可能會做什麼。

儘管是當人在溝通時並無使用任何策略，也並未像莎士比亞與提奧波德那樣有意識地想用特定的方式說話時，他們所使用的字彙仍會用一切訊號告訴我們各式各樣有趣且重要的事情。

像是他們拖欠銀行貸款的機會有多大。

預測未來

假設你在考慮借錢給兩個陌生人的其中一個，兩人都開口要兩千美元修繕屋頂，而他們的人口學特徵與財務屬性也都沒有差異。他們的年齡、種族、性別、居住的大致地區，乃至於所得水準跟信用分數，沒有一項不是一模一樣。事實上，他們之間惟一的差別就是他們在開口借錢時的用字遣詞。(見左頁表格)

你覺得誰更可能把錢還給你？

在決定要不要借錢給人時，我們常會把重點放在對方日後的還款能力。這乍看

人物一	人物二
我是一個勤奮努力的人，已經結婚二十五年了，有兩個可愛的兒子。請容我說明我為什麼需要幫助。我會用這兩千塊的貸款去修理我們家的屋頂。感謝您，上帝保佑您，我保證我會還你錢。	過去一年我們在新家住得很開心，但屋頂現在漏水了，我需要借兩千元來支付修繕的費用。我繳帳單（車貸、有線電視、水電瓦斯）一向很準時。

是個很簡單的問題，但回答起來卻常常會變得相當複雜。貸款的償還期限可能是很久以後的事情，而這當中可能發生很多意想不到的狀況。所以說，銀行與各種金融機構常會用數以千計的資料點來估算核貸的風險。

而其中最基本的資料就是貸款人的財務健全度。信用歷史會追蹤他開啟了多少信用額度（如房貸、信貸、信用卡帳戶），他是否有準時還款，乃至於他有沒有哪一個貸款帳戶走到被催收的地步。此外，根據個人的信用歷史、所得水準、債務所算出的FICO分數也是美國常用的一種信用評分。一個信用槓桿開太大的人，或是過往曾經申請過破產的個人，可能就會被認定有較高的違約風險。

除了財務健全度以外，人口學上的特徵也是考量的因素之一。雖然《信用機會平等法》跟《公平住房法》都禁止金融機構將種族、性別等人口學變數直接作貸款的審核之用，但還是有一部分放款人會倚靠與人口特徵連動的因子去協助自己做成核貸與否的判斷。

最後，貸款本身的各個面向也會參與到核貸的考量之中，譬如說貸款的金額就是一個因素，利率又是另外一個；貸款金額或貸款利率愈高，債務人違約的風險也會愈高。

但話說回來，雖然有這種種資訊可以協助我們預測風險，這仍然不是一種滴水不漏的診斷。以信用分數而言，它固然可以讓我們瞥見申請人的某些過往，但我們卻往往不能從中了解到對方的健康狀況與工作年資，但這兩個重點其實都是更能反映未來的資訊。人格特質與情緒狀態也會推動人的財務行為，但卻無法反映在純粹的財務指標中。

這些情報上的漏洞，人的遣詞用字能不能幫我們補足呢？

群眾募資與點對點的融資平台在今天的借貸市場上舉足輕重。未必要跟大型銀行開口，消費者現在可以在網路上張貼自己的融資需求，接著個人放款人可以決定要把錢借給誰，算是作為一種投資。一旦在平台上媒合成功，放款人可以得到高於其他投資的報酬率，需要借錢的人則只需要負擔通常低於傳統銀行信貸的利率。Prosper作為其中一家這樣的網路借貸平台，就已經讓逾一百萬人借到了超過一百八十億美元，用來繳大學學費、居家修繕和其他五花八門的用途。

惟除了提供常見的量化資訊（如欲貸金額跟信用分數）以外，潛在的借款人也通常會放上簡短的「自我廣告」，簡要說明自己需要錢做什麼，還有放款人為什麼應該選擇把錢借給他。某人可能會提到他們的生意正在尋求擴張，所以需要錢增加進貨量。另外一個人則說他們家屋頂破了在等著錢修，還有人說他們需要錢去購買教室裡的用品。

在貸款的理由之外，說明這些理由的語言也各有千秋。開頭所舉的例子中，二者都是要借錢修屋頂，但他們用了非常不一樣的語言去表達。其中一個談到自己「勤奮努力」，而另外一個則表示他「繳帳單一向很準時」。其中一個談到他的家庭（結婚二十五年，有兩個好兒子），另外一個則未提及自身的家庭狀況。

我們很容易就覺得這些話是根本無法核實的空頭支票。畢竟你誰啊，你說你「絕對會還錢」就真的絕對會還錢嗎？同樣地，不管一個人實際是不是老實可靠，他們都可以這樣自我宣稱。

為了確認這些像是隨口說說的話能不能為貸款人的違約率提供線索，研究者分析了超過十二萬則貸款請求。[6]除了財務資訊與居住地域、性別與年齡等人口學特徵以外，研究者還分析了準貸款人在申請中提供的文字內容。包括了所有跟貸款有關的東西（他們借錢是為了修屋頂或增加進貨量）或無關的內容（他們的家庭組成跟宗教信仰）。

不令人意外地，財務與人口學資訊的效果很突出。光使用這兩種變數，研究者便能合理精準地預判出哪個貸款人會違約。

但文本分析也能進一步為預測加分。把申貸人隨手寫進自介中的東西納入考量，能夠顯著提高預測的準度。比起只參考財務狀況與人口學特徵，納進文本資訊可以增加放款人的投資報酬率，增幅將近百分之六。

事實上，光是文本分析本身就能為銀行創造與財務跟人口學資訊等傳統工具不相上下的預測準頭。借款人會本能地想要爭取到融資，但他們所說的話會在不知不覺中提供線索，讓人得以判斷他們最終到底能不能有借有還。

這些研究者同時辨認出了哪些單字與片語最能區分出守信者與違約者。守信者比較會用跟自身財務狀態相關的單字與片語（如「利息」與「稅」）或是跟經濟能力提升有關的字句（如「畢業」跟「升遷」）。他們也會比較愛用字句去表達自身的理財素養（如「再投資」與「最低應繳」），並且會更常討論到就業跟就學、利率削減與每月支付等主題。

反之，違約者說起話來則完全是不同的調調。他們更可能會提及跟財務困境有關的字句（如「發薪日貸款」、「再融資」），或者跟財務無關的人生挫折（如「壓力」或「離婚」），再不然就是會設法給自己的處境找理由（「那是因為我……」），還是討論自身的工作狀態（「勤奮努力」、「勞工」）。同樣地他們也更會懇求幫助（「需要幫忙」、「請幫幫我」）或觸及宗教信仰。

事實上，相對於用出「再投資」一詞的人有高出近五倍的機率會把貸款還清，用出「上帝」一詞的人則有高出近兩倍的機率會違約。

在其他方面，守信者與違約者會在討論類似主題時表現出不同的態度。比方說兩者都會用上與時間相關的字眼，但違約者似乎會更聚焦在短期的時間上（如「下個月」），而守信者則會專注在較長期的時間上（如「明年」）。同理，兩者都可能會討論到人，但守信者喜歡提到自己（「我會」、「我將」、「我是」），而違約者則喜歡講到別人（「上帝」、「他」、「媽媽」）。事實上，當違約者在對話中指涉自己時，他們會用「我們」來取代「我」。

有趣的是，違約者寫起東西的筆觸從很多方面來看，都會讓人想起騙子跟外向者的書寫風格。雖然我們沒有證據顯示違約的貸款人會在撰寫申請內容時蓄意欺瞞，但他們的文筆確實可能反映了他們對自身還款能力欠缺自信。

說回到想借錢修屋頂的那兩個人，他們都做出了頗具說服力的提案。兩人都給人感覺他們是好人，都讓人感覺他們會好好利用這筆貸款。

但人物二還錢的機率會比較高。人物一或許感覺論證上更具說服力，但這類人

人物一	人物二
我是一個勤奮努力的人，已經結婚二十五年了，有兩個可愛的兒子。請容我說明我為什麼需要幫助。我會用這兩千塊的貸款去修理我們家的屋頂。感謝您，上帝保佑您，我保證我會還你錢。	過去一年我們在新家住得很開心，但屋頂現在漏水了，我需要借兩千元來支付修繕的費用。我繳帳單（車貸、有線電視、水電瓦斯）一向很準時。

其實有高出大約八倍的機率會違約。[7]

人的遣詞用字會透露出他們日後行動的端倪。即使他們想要隱瞞，即使他們自己也沒有意識到，他們內心的意圖還是會通過語言洩漏出來。

關於社會，語言可以告訴我們什麼

語言可以告訴我們是誰寫了劇本，誰跟銀行借錢會違約，這些都很有趣。但語言可以為我們做的事情還遠不止於此。因為除了讓我們能看穿特定人士以外，語言還能讓我們洞悉那些與整個社會有關的大事，包括有哪些偏見與觀念在塑造我們的世界觀。

性別歧視無所不在。從聘僱到評量到認可再到薪酬，女性往往都需要承受不認同的眼光跟不公平的待遇。女性往往做著同工卻拿不到同酬，同樣資歷的履歷就是比男生矮一截，就是只能拿到一份比較低的薪水，而那都只是因為履歷上印著一個女性而非男性的名字。

問題是，這樣的偏見從何而來？可以如何獲得改善？說起性別歧視、暴力犯罪，乃至於幾乎每一種社會弊病，批評家都很愛怪罪於文化。他們主張是暴力電玩讓人變得暴力，或是仇女（misogynous）歌詞強化了性別偏見。

而這些說法也有幾分道理。例如將女性描繪成負面形象的歌詞，就加劇了「反女性」的態度跟仇女的行徑。然而擁護性別平等的歌詞，則能鼓勵「挺女性」的行為。所以說刻板印象與成見之所以屹立不搖，一個可能的理由就是那些每天為我們所消費的歌曲、書籍、電影與各種文化物件也在每天強化著這些偏見。

但，雖然這些文化物件有所影響，其實際上的構成卻不怎麼透明。就拿音樂來說：歌詞真的對女性抱有偏見嗎？歌詞這一路走來又歷經了何種改變？

為了回答這些問題，蕾哈尼・波格拉提（Reihane Boghrati）跟我彙編了發行於一九六五至二〇一八年間的超過二十五萬首歌曲。[8]從今天的暢銷曲（如約翰・梅爾〔John Mayer〕跟亞瑟小子〔Usher〕的作品）到著名的經典老歌（如葛蕾蒂絲・奈特〔Gladys Knight〕的〈往喬治亞的夜班車〉〔Midnight Train to Georgia〕），再到你聽都沒聽說過的那些歌曲，各自有上萬首的流行、搖滾、嘻哈、鄉村、舞曲與節奏藍調歌曲。

而與其曠日廢時又流於主觀地請人一首首歌去聽，我們選擇再次請出了自動化文本分析。類似於前述那些「莎士比亞偵探」所用的手法，我們把所有歌曲都餵進了一種演算法，藉此了解歌詞在論及不同性別時是否抱持不同的態度。這裡指的態度不僅在於說出的是好話還是壞話而已，還包括歌詞有無流露出一種更加隱晦難辨，卻有著更大潛在影響力的偏見類型——就像那種會在面試求職者時冒出來的偏見。

假設有兩個人來應徵工作，麥可跟蘇珊。兩個人都非常優秀。麥可真的很有才幹而且經驗豐富，而蘇珊則非常好相處而且是個得力助手。我對兩個人都讚不絕口。

注意到這是怎麼回事了嗎？或許沒有。因為我們總是傾向於用流於表面的方式去思考偏見。

如果招募員對待男性跟女性是兩套做法，那他們就明顯是心存偏見。或如果一份履歷會因為上面的名字叫狄倫（典型的白人名字）而不叫狄安德烈（典型的非裔美國人姓名）就得到差別待遇，那這就擺明了是種族歧視。

但事實是，沒那麼明顯的偏見也一樣危險。回想一下麥可跟蘇珊各得到了什麼樣的描述。表面上兩個人都得到了正面的評價，但那些好話講出來的方式有所不同。一如被用來介紹麥可的字句（「才幹」與「經驗豐富」）所示，男性得到的評價往往是基於他們的能耐，這包括他們有多聰明、多會動腦、成就多高，是不是有策略思維，解決問題的能力又有多強。確實，去網路上搜尋成功人士的圖像，你會發現圖像中的男女比例接近三比一。[9]

講到女性的時候，則往往會有另外一套重點。想想蘇珊得到的評價裡有哪些字眼（「好相處」跟「助手」），沒錯，女性獲得的描述往往是基於她們的溫暖性質。她們是不是會照顧人，是不是會扶助他人，是不是和顏悅色，乃至於她們是不是善於建立正面的關係或幫助別人有所發展。去搜尋「溫暖的人」的圖片，你會發現近三分之二跳出來的是以女性為主的影像。

溫暖與能力之間的區別看似不大，卻會帶來重大後果。聘用與升遷，特別是涉及領導職位時，通常看的都是一個人的能力。而由於用來描述女性的語言比較不強調她們的能力，因此一旦遇到要爭取位子的關鍵時刻，女性就會吃虧。

我們檢視了這種語言差異會不會出現在音樂中，也就是歌詞裡在提到女性的時候，是否也會比較忽視她們的能力或才智，以及這一點從過去到現在有沒有什麼演變。

證據明顯地混雜在一起，難以得出一個定論。就某些方面而言，事情有所進步。在一九七〇年代與八〇年代初期，歌詞明顯地表現出對女性的偏見。當歌裡唱到某個人才智過人、聰明、志向遠大、勇敢，這人一面倒地以男性居多。但到了八〇年代尾聲跟九〇年代初期，事情開始朝比較平等的方向前進。此時不論看的是流行樂、舞曲、鄉村音樂、節奏藍調，甚至是搖滾樂，情況變得比較平均，也就是女性得到的評論與男性愈來愈接近。

然而在一九九〇年代末，進步戛然而止，甚至開起了倒車。歌詞中的偏見再次出現，並一直殘存到今天。偏見是沒有七〇年代那麼嚴重，但肯定比九〇年代初期退步。[10]

再者，這些改變的驅動力似乎是男性使用的語言，因為女性歌手使用的語言並沒有太大的改變。即使回推到一九七〇年代，女性歌手唱到男人和女人都是差不多的口吻，這狀況一直持續存在到今天。但男性音樂人的語言就有較劇烈的起伏：從一九七〇年代的偏見起步，持續好轉直到九〇年代初，然後進入數十年趨於平緩的高原期。

音樂只是展現出這種性別差異的其中一個領域。童書也是男性角色的天下，就算角色是動物，雄性出場機率也比雌性高出三倍。[11]在教科書當中，四分之三被提及的人物是男性，[12]而在電影裡，有台詞的角色僅有三成是女性；在商學院的案例研究裡，女性主人翁的占比僅有百分之十一。

性別歧視影響的還不只是「戲分多寡」的問題。在同樣得以出場的狀況下，男女受到談論的方式也並不相同。[13]在報紙上，登場男性的職業更常是隊長或老闆一類，而登場女性的職業則經常是家庭主婦或前台的接待員等；在電影裡，女性角色更少開口談起跟成就有關的話題。而在體壇，女性網球選手有兩倍於男性選手的機會被問起與網球無關的問題（妳這指甲是在哪裡做的）。

我們很容易把這些問題推給個人行為。畢竟從三百六十行中挑選個別人出來報導的都是個別的文字記者，而對個別網球選手問出形形色色問題的也都是個別的體育記者。

但化零為整後，這些個人的選擇反映的仍是這些個別記者所隸屬的廣大社會。因為如果只是零星的一兩個記者或歌手會性別歧視，我們應該是感覺不到的。我們既然感覺得到，那就意謂著這些記者或歌手代表的不是個案。如果是個案，那這些偏頗的報導或歌詞就會淹沒在比重高出許多的平等意見中。

這些偏見之所以能在成百、成千、甚至成百萬的案例中真實存在，就說明了有些什麼更深層的東西在發揮作用。亦即那些標明方向的語言麵包屑，所反映的肯定不是區區幾個人所抱持的想法、所做出的抉擇，而是深深扎根的問題，而且這種針對不同族群的根深蒂固的差別待遇，可不是說改變就能改變的東西。

而最能讓人對這種差別待遇一目了然的，莫過於種族歧視。

種族歧視與警察執法

布倫娜・泰勒（Breonna Taylor）在二〇二〇年的三月十三日死於非命。剛過午夜，警方衝進了這名二十六歲急診室醫技師的公寓中。泰勒當時人在床上，而就在後續的一團混亂中，員警開了三十二槍，其中六槍打在泰勒身上，要了她的命。

喬治・佛洛伊德（George Floyd）在二〇二〇年五月二十五日慘遭殺害。佛洛伊德拿二十元的美鈔，要在便利商店買一包菸，店員覺得那是假鈔而打了報警電話。第一輛警車抵達現場的十七分鐘後，佛洛伊德被三名員警壓制在地上，並失去了意識。此後不到一個小時，佛洛伊德就被宣告死亡。

這只是警方武力行動時涉及非裔美國人的兩個案例，但它們點燃了整個國家的輿論，進而引爆「黑人的命也是命」（Black Lives Matter）運動，催化了美國社會對於種族與警察執法問題的大型辯論。

惟在這些受到大量矚目的事件中，常常被遺落的一個面向是員警與轄區民眾的日常互動。[14]某些估計顯示有大於兩成五的人口會在一年當中的某個時間點上與警察有所接觸，而最常見的警民互動就是開車被攔停。

除了頻率以外，這些互動還有很多意義在。這每次互動都代表一個機會。公眾對警察的信心可以在這些機會中被建立起來，也可以在其中被侵蝕掉；警察與社區的橋梁可以在這些機會獲得強化，也可以在這些過程裡被掏空。

但這些日常的互動，具體而言是什麼模樣？黑人跟白人社區成員會遭到差別待遇嗎？

這些問題的答案似乎取決於你問的是誰。黑人社區成員回報的警民互動經驗有更多的負面案例。他們會說自己受到的對待比較不夠公平、太過嚴厲、不夠受尊重。超過四分之三的非裔美國人說警察對待黑人不如他們對待白人般公正。[15]

至於警察這一方，如意料之中地對事情有不同的看法。大部分員警不接受他們執法偏頗的說法。[16]他們認為上述黑人之死是獨立的個案，肇因於警界少數的害群之馬或現場情況的特殊性。許多警界同仁認為警方針對的單純是犯罪行為，而與其說他們的行動是出於偏見，還不如說他們在行為上的差別是反映了犯罪者組成中的種族差異。

所以到底誰說的才對？

二〇一七年，史丹佛大學的科學家嘗試找出真相。[17]警察／社區的互動顯然取決於一票複雜的因素，但研究者們對這個問題選出了一個切入點，把重點放在了語言上。他們研究起了員警對黑人與白人社區成員分別的說話方式。

透過與加州奧克蘭市的合作，史丹佛的學者檢視了數千筆例行交通攔停的密錄器影片。他們分析了數百件黑人駕駛被攔下來的案例，還有差不多數量的白人駕駛遭攔檢案例。

這些互動往往遵照一個共通的劇本。一名駕駛因為超速或行照過期而被攔下來。在簡單的筆記及確認過車牌號碼，並確定其他方面都符合規定後，員警通常就會走到駕駛座的車窗旁。

正常來講，一場對話就會自此開展。警察會向駕駛解釋自己為什麼攔他，並請他出示行照駕照來進行一些背景查詢。駕駛會提供員警要求的資訊，並靜候警方完成必須的查核。最終情況解除，警民各自重新上路。駕駛人可能會領到一張罰單，或是被告知要去把什麼東西修好，但雙方基本上還是可以好聚好散。

但不是所有的對話都可以這麼公開坦率，很多地方都可以讓雙方的互動開始變調。員警可能擔心駕駛身上有槍，或是擔心駕駛酒醉或吸了毒。駕駛可能出於害怕或緊張而對警察出言不遜甚至出手挑釁。這麼一來，局面就可能在轉瞬間失控。

雖然兩邊扮演的角色都有其重要性，但警察用的台詞是首要關鍵。他們用話語傳達出的可以是尊重與理解，也可以是鄙視跟輕蔑。他們可以透過言語讓緊繃的駕駛人冷靜下來，也可以在他們的緊張上火上澆油。

透過對警方使用的語言進行解讀，學者可以測試出黑人與白人駕駛有無受到尊重程度不一的對待。但一段段去看攔停的過程非常耗時，而且學者本身的偏見也可能會左右其做出的判斷，所以他們決定讓語言為自己發聲。他們使用了機器學習去客觀地測量並量化對談中所使用的語言。

結果他們的發現相當驚人。數百個小時的互動過程顯示出警方對黑人駕駛說話著實比較沒禮貌、比較不友善，也比較缺乏尊重。

在跟白人駕駛說話的時候，警察會使用比較多的尊稱（「先生」或「女士」），會比較在言談中穿插確認安撫的用語（「沒事」、「不用緊張」或「問題不大」），或是會提供汽車駕駛一些能動性（「您可以＿＿＿」或「您不妨＿＿＿」）。他們比較會使用駕駛人的姓氏，比較會提起要注意安全，比較會用出一些正面的字眼。

但在跟黑人駕駛說話時，警察就比較會用非正式的稱謂（如「老兄」、「帥哥」、「這位大哥」），會問問題，也比較會叫駕駛把手放在方向盤上。簡單講，這些發現證明了「警方與黑人社區成員的互動比起他們與白人社區成員的互動，是比較有壓力的」。

持平而論，我們不是不能懷疑這些差異源自於種族以外的因素。也許警察對白人駕駛比較禮貌，是因為被攔下來的那些正好比較年長或比較多是女性。又或者警方執法態度上的差異有可能源於違規的情節輕重。如果駕駛被攔下來是因為小事（尾燈故障），那員警的言談就會比較輕鬆，但如果駕駛被攔下來的事由情節比較重大，那員警的遣詞用字自然會有所不同。又或者這種說話方式的落差會取決於執勤員警自身的種族，或是取決於警方是否正在進行搜索。

惟即便是控制了上述各種變因，研究的成果都還是成立。員警對黑人社區成員講話就是比較不尊重。今天即便是年齡一樣、性別一樣、因為一樣的理由在鎮上的同一個區域被攔下來，警方對白人駕駛的言談就是會比較客氣。

而且這種差異並不只是幾個脫序的員警所造成。觀察了包含白人、黑人、西裔、亞裔共計幾百名員警，我們看到的仍是同樣的模式：黑人駕駛就是比較不受尊重。

其中一位研究者表示：「光看警察使用的字眼，我們就可以判斷出他們是在跟什麼種族的駕駛說話，正確的機率可達到大約三分之二。」

相對於白人駕駛比較會聽到警察說「這樣就行了，女士，開車請注意安全」或「沒問題，先生，感謝您的配合」，黑人駕駛會聽到比較多警察說「我可以再看一次駕照嗎」或「好吧，老兄。幫我個忙。幫我把手放在方向盤上一下」。[18]

將這些看似細微的差異綜合起來，就形成了充斥各個角落的種族隔閡。

史丹佛大學的研究帶來了數不清的重要提問。我們可以脫口而出說警察歧視黑人，或是指著這個證據說警察在針對非裔，而這確實也是看待研究結論的一種方式。

但真相可能要比我們想的要更幽微一點，也更複雜一點。

一些個別的警察可能真的有種族歧視。而考量到個別警察們在那些高知名度案件中的種種行徑，這幾乎是確定的事實。

但無論如何，即便不是有意為之，還有更大一個部分的警察都在用不同的方式對待白人跟黑人。多數警察的出發點是好的。他們只是在棘手的處境下做出能力範圍內最好的判斷與處理。但不論他們有沒有這樣的自覺，或有沒有這樣的故意，他們的文字使用就是會有黑白之別。而這也就讓那當中的潛在問題變得更加麻煩了。

因為指認出幾個壞警察是一回事。老鼠屎我們將之挑出來，去除掉也就是了。但想要改變根深蒂固的刻板印象、聯想、習慣、反應，讓數十萬名警察的心態有所改變，那可就需要付出更大的心力了。[19]

不過好消息是，語言也可以助我們一臂之力。因為就算是幾乎全數警察的用心都是好的，也幾乎都是想要做對的事情，他們的語言表現還是有很多需要改進的地方可以供我們參照。這些地方可能他們自身也沒有意識到，但他們確實在這些地方對人有著差別待遇。而只要能把這些（就算是無意的）偏見辨識出來，我們就有希望把事情發展推向正確的方向。

1 Ryan L. Boyd and James W. Pennebaker, “Did Shakespeare Write *Double Falsehood*? Identifying Individuals by Creating Psychological Signatures with Text Analysis,” *Psychological Science* 26, no. 5 (2015): 570–82, https://doi.org/10.1177/0956797614566658.

2 語言的使用隨下列因素而有不同：性別 (Mehl & Pennebaker 2003; Welch, Perez-Rosas, Kummerfeld, & Mihalcea 2019)，年齡 (Pennebaker & Stone 2002; Morgan-Lopez et al., 2017; Sap et al., 2014)，種族 (Preotiuc-Pietro & Ungar, 2018)，政治傾向 (Preotiuc-Pietro et al., 2017; Sterling, Jost, & Bonneau, 2020).

3 James W. Pennebaker et al., “When Small Words Foretell Academic Success: The Case of College Admissions Essays,” *PLOS ONE*, December 31, 2014, e115844, https://doi.org/10.1371/journal.pone.0115844; Matthew L. Newman et al., “Lying Words: Predicting Deception from Linguistic Styles,” *Personality and Social Psychology Bulletin* 29, no. 5 (2003): 665–75, https://doi.org/10.1177/0146167203251529.

4 語言的使用與健康相關 (see Sinnenberg et al., 2017 for a review)，包含心理健康 (de Choudhury, Gamin, Counts, and Horvitz, 2013; Eichstaedt et al., 2018; Guntuku et al., 2017; see Chancellor and De Choudhury 2020 for a review)，注意力不足過動症 (Guntuku et al., 2019)，和心臟疾病 (Eichstaedt et al., 2015)，往往比社會經濟地位的衡量更準確。

5 Sarah Seraj, Kate G. Blackburn, and James W. Pennebaker, “Language Left Behind on Social Media Exposes the Emotional and Cognitive Costs of a Romantic Breakup,” *Proceedings of the National Academy of Sciences of the United States of America* 118, no. 7 (2021): e2017154118, https://doi.org/10.1073/pnas.2017154118.

6 Oded Netzer, Alain Lemaire, and Michal Herzenstein, “When Words Sweat: Identifying Signals for Loan Default in the Text of Loan Applications,” *Journal of Marketing Research* 56, no. 6 (2019): 960–80, https://doi.org/10.1177/0022243719852959.

7 類似的效應也在各式各樣的領域中現身。比方說在線上購物者之間，輸入名字時使用小寫者有兩倍多的機率訂了東西不付錢，反之電郵中包含他們的名字與／或姓氏者會比較沒有買東西不付錢的風險。

8 Reihane Boghrati, “Quantifying 50 Years of Misogyny in Music,” Risk Management and Decision Processes Center, April 27, 2021, https://riskcenter.wharton.upenn.edu/lab-notes/quantifying-50-years-of-misogyny-in-music/

9 Jahna Otterbacher, Jo Bates, and Paul Clough, “Competent Men and Warm Women: Gender Stereotypes and Backlash

in Image Search Results," *CHI 17: Proceedings of the 2017 CHI Conference on Human Factors in Computing Systems*, May 2017, 6620–31, https://doi.org/10.1145/3025453.3025727.

10 很多人說起仇女，就會點名嘻哈這種崛起於一九九〇年初的音樂類別，所以也許那就是性別歧視在九〇年代前後期出現惡化的原因。但把錯怪到嘻哈頭上未免是一種過度簡化，因為表現出這種模式的音樂類型並不只嘻哈。如鄉村音樂也在一九九〇年代變得更歧視女性，一如節奏藍調與舞曲。

11 Janice McCabe et al., "Gender in Twentieth-Century Children's Books: Patterns of Disparity in Titles and Central Characters," *Gender & Society* 25, no. 2 (2011): 197–226, https://doi.org/10.1177/0891243211398358; Mykol C. Hamilton et al., "Gender Stereotyping and Under-representation of Female Characters in 200 Popular Children's Picture Books: A Twenty-First Century Update," *Sex Roles* 55, no. 11 (2006): 757–65, https://doi.org/10.1007/s11199-006-9128-6.

12 Rae Lesser Blumberg, "The Invisible Obstacle to Educational Equality: Gender Bias in Textbooks," *Prospects* 38, no. 3 (2008): 345–61, https://doi.org/10.1007/s11125-009-9086-1; Betsey Stevenson and Hanna Zlotnik, "Representations of Men and Women in Introductory Economics Textbooks," *AEA Papers and Proceedings* 108 (May 2018): 180–85, https://doi.org/10.1257/pandp.20181102; Lesley Symons, "Only 11 Percent of Top Business School Case Studies Have a Female Protagonist," *Harvard Business Review*, March 9, 2016, https://hbr.org/2016/03/only-11-of-top-business-school-case-studies-have-a-female-protagonist.

13 Nikhil Garg et al., "Word Embeddings Quantify 100 Years of Gender and Ethnic Stereotypes," *Proceedings of the National Academy of Sciences of the United States of America* 115, no. 16 (2018): E3635–44, https://doi.org/10.1073/pnas.1720347115; Anil Ramakrishna et al., "Linguistic analysis of differences in portrayal of movie characters," *Proceedings of the 55th Annual Meeting of the Association for Computational Linguistics* 1 (2017): 1669–78, https://doi.org/10.18653/v1/P17-1153; Liye Fu, Cristian Danescu-Niculescu-Mizil, and Lillian Lee, "Tie-Breaker: Using Language Models to Quantify Gender Bias in Sports Journalism," July 13, 2016, arXiv, https://doi.org/10.48550/arXiv.1607.03895.

14 想也知道，這些問題非常複雜。警察（含女警）每天都冒著生命危險在維護社區的安全，而全體公民不分種族或族裔，都有權享有生命財產的安全與各種平權的對待。

15 "Racial Divide in Attitudes Towards the Police," The Opportunity Agenda, https://www.opportunityagenda.org/explore/resources-publications/new-sensibility/part-iv.

16 Perry Bacon, Jr. "How the Police See Issues of Race and Policing," FiveThirtyEight, https://fivethirtyeight.com/features/how-the-police-see-issues-of-race-and-policing/.

17 Rob Voigt et al., "Language from Police Body Camera Footage Shows Racial Cisparities in Officer Respect," *Proceedings of the National Academy of Sciences of the United States of America* 114, no. 25 (2017): 6521–26, https://doi.org/10.1073/pnas.1702413114.

18 種族甚至會影響到細微的口氣。在跟黑人駕駛說話時，警察的口氣會比較負面。他們會看似比較緊繃、比較不客氣、比較不尊重人。他們對白人不會像對黑人那樣居高臨下。而可想而知，這些語言上的差異會造成重大的後果。較之警方與白人駕駛互動時的口氣，他們與黑人互動的口氣會讓人聽了產生兩種效應：對警察產生不信任感，讓人覺得警察不把他們的族群當回事。

19 但這可不是說偏見只涉及警察跟交通攔停。我們的書裡有對亞裔美國人的偏見（亞裔往往會以被動跟陰柔的形象出現）；我們的新聞裡有對伊斯蘭信仰的偏見（穆斯林會被跟恐怖分子畫上等號），我們文化中的許多方面都存在對少數族群的偏見。我們如果想要讓這些偏見有解決的一天，那了解這些幽微的偏見就是我們必須踏出的第一步。

結語

為什麼不要跟孩子說他們聰明

整本書走下來，我們討論了咒語的力量。我們使用的字眼，跟我們使用它們的方式，都可以對我們的幸福與成就產生巨大的影響。這些咒語可以幫助我們說服他人轉念、深化社會連結，增進溝通效率。

首先，我們談到了身分認同與能動性的語言，談到了相對於只傳達請求與資訊，語言其實可以表達出是誰在當家作主，是誰應該承擔錯誤，還有從事一項特定的行動又是什麼意思。我們學到了可以如何把行動轉為身分（把「幫忙」變成「小幫手」，或把「投票」變成「選民」），來提升自己的影響力；可以如何把「我不能」改成「我不要」來堅持自己的目標；可以如何把「應該如何」變成「可以如何」來化身為更具創意的問題剋星。我們探索了何以跟自己對話可以有助於舒緩焦慮並提升成績，還有像「你」這樣的字眼會在什麼狀況下拉我們一把或踢我們一腳。

再來，我們討論了關於自信的語言，討論了何以除了訴說事實與意見，文字也可以傳達我們對這些事實與意見有多少把握。我們發現了何以律師說話的口吻跟他們分享的內容一樣要緊；話要怎麼說才能帶有力量；還有我們為什麼應該把話裡的過去變成現在（用現在式取代過去式的動詞說一家餐廳的食物很好吃，可以讓聽到的人更想一探究竟）。在這過程中我們學到了有哪些文字可以讓溝通者出落得更可信、更可靠、更有權威，還有在什麼狀況下我們應該表現得信誓旦旦，什麼狀況下我們又應該表達懷疑，何時我們應該拋下規避語（「可能」或「我想」）跟猶豫（嗯、呃），以及何時規避跟猶豫也不見得是壞事。

第三，我們探討了問題的語言。雖然我們常覺得問題只是用來幫助我們蒐集資訊，但其實問題能做的事情很多。我們學到了何以向他人請益可以反而讓我們感覺更加能幹，何以快速約會中的問題可以幫助我們爭取到第二次約會。但除了問題普遍帶有的好處以外，我們也學到了哪幾種問題最有效，還有我們該在什麼時機下問出它們；為什麼追加的問題特別管用；如何使用問題去四兩撥千斤；如何避免問出想當然耳的問題；如何以正確的順序問出正確的問題，來深化跟陌生人或跟職場同事之間的社交連結（穩紮穩打）。

第四，我們談到了關於具體性的語言。不論我們今天是在和客戶、同事、家人或朋友說話，我們都常受制於知識的詛咒。我們會用一種自認很好理解的「高水準」方式去溝通，但結果對方卻只覺得我們在說外星話，臉都綠了。這時能幫助我們的就是語言上的具體性。我們討論到了要如何讓對方感覺我們有在聽，為什麼說「處理」問題而非「解決」問題可以提升客戶的滿意度，何以用「灰色T恤」取代「上衣」可以增進業績。我們探究了何以特定而鮮明的語言有助於表現出我們的認真聆聽，有助於引起他人的注意力，也有助於讓某些概念更好理解。惟我們也檢視了何時該把話說得抽象一點，何以抽象的語言可以幫助新創公司爭取到資金，或也可以表現出自己的領導能力。

第五，我們討論了情緒的語言。有時候我們會以為事實可以把概念推銷出去，但這常常是一種迷思。情緒性的語言可以化身為一把利器，替我們爭取到注意力，替我們迷倒受眾，替我們說服人去採取行動。我們探究了是什麼元素構成了好的故事，以及低谷的價值就在於它能讓情節的高峰被凸顯得更撼動人心。惟我們也同時討論到了何以考慮背景是很重要的事情；何以我們不該讓思想侷限在僅僅正面或負面的差別；何以「很棒」跟「完美」都是正面的字眼，但我們仍應該根據所處的上下文種類（享樂型或實用型的脈絡）來決定該用哪一個字。我們討論了該如何設計簡報、故事與內容，才能讓它們不分主題都更引人入勝。

第六，我們探究了相似性（與相異性）的語言：何以在書寫風格上近似同事的人會更有機會獲得升遷，而說話風格相近的見面對象會更有機會第二次約出來。但為免你以為語言上的相似性有百利而無一弊，我們也討論到了在什麼情況下、出於什麼緣由，差異性會反而比較好；何以受歡迎的歌曲傾向於在同類歌曲中是個異類，乃至於何以用字別出心裁的金句會更有記憶點；何以語言可以幫助我們量化故事情節推進的速度，何時我們應該讓故事走快或走慢，以及電影、電視與書籍的體量與曲折性可以如何被用來預測它們賣不賣得起來。

雖然看似各有千秋，但這六種咒語都能在生活中的大小領域裡幫助到我們。

再來，相對於本書的前六章把重點放在了語言的影響力上，或是字句可以如何被用來左右其他人的想法，最後一章則檢視了文字在另外一方面的魔力：它們可以針對創造出它們的個人跟社會，告訴我們什麼：學者是如何不用去讀內容，也能判斷出某個劇本是不是莎士比亞失傳已久的真跡；為什麼人在申請貸款時所用的語言可以讓我們判斷出他們更可能乖乖還錢或違約；何以分析數十萬首歌曲可以為我們回答音樂是否仇女這個老問題（包括這問題在一路上有過哪些演進），而警察所用的語言又能如何為我們彰顯幽微的種族歧視。

咒語是用來描述能產生神奇影響力的文字。就像「我變我變我變變變！」、「天靈靈地靈靈！」、「芝麻開門！」等套語只要一從魔術師或通靈者的口中說出，他們就能在我們面前展現出不可思議的事情。

確實，如我們透過這整本書一再展現的，正確的字眼用在正確的時機，就能發揮出不容小覷的力量。這些文字可以替我們說服同事跟客戶，可以替我們抓住受眾與熟人的注意力，可以替我們建立起與夥伴跟同儕的聯繫。

惟這些文字的力量看似魔幻，我們並不需要是個魔術師才能使用它們。這些文字既非神祕兮兮的符咒，也不涉及某種來路不明的黑箱，它們之所以能夠產生作用，靠的是對人類行為科學的掌握。

只要理解了咒語的作用原理，誰都可以讓它們的力量為自身所用。

這本書一開始說了個跟我兒子賈斯柏有關的故事，故事中的他發現了「請」這個咒語的力量。而隨著他慢慢長大，我也饒富興味地看著他認識更多單字代表的意義。賈斯柏就像一塊海綿。有一天，莫名其妙地，他開始用起了basically（基本上）這個字，我猜他是從不知道誰的口中聽到的吧。還有一次他突然開始說起他需要某樣東西，immediately（馬上），我想那多半也是他聽來的用法。

他還開始評論起我使用單字的方式。有天，我跟他說我需要他把外套穿上，結果他回答說我不需要他把外套穿上，我是想要他把外套穿上。真令人期待他下次還會挑我什麼語病。

但與此相關，倒是有項研究讓我一直放在心上。

為人父母常讓人感覺有點像在當牧羊犬。你的工作就是鼓勵孩子走向正確的方向，但大部分時候他們都會對其他的東西更感興趣。所以你必須要或推或拉、連哄帶騙，才能達到目的，才能讓他們把鞋穿上，不要推妹妹，然後第二次把鞋穿上——這一次口氣要兇一點才做得到。

稱讚感覺就容易多了。當小孩自行想通了某件事的時候，拿著他們的畫畫來獻寶的時候，或是數學考了一百分回來的時候，你都可以趁機誇獎他們一番，給他們拍拍手。

在一九九〇年代尾聲，哥倫比亞大學的兩名行為科學家納悶起我們讚美人的方式重不重要。[1]特別是他們想知道在表達認可時使用特定的字眼，能不能發揮形塑人動機的效果。

他們找來一群五年級小朋友，請他們回答一些抽象的推理問題，像是看著一系列形狀，然後從多個選項中挑出系列中的下一個形狀應該生得怎樣。

小學生花了幾分鐘研究問題，然後學者針對他們的表現給出了回饋。所有的同學都被告知他們做得很好（「哇，你做對好多題喔」），但此外，某些學生還會被誇獎他們的能力，也就是此例中的智力（「你真的很聰明耶，做對這麼多題」）。

研究者會選擇這種稱讚方式，是因為那是對出色表現的標準反應。當學生答對問題或員工處理了難題時，我們常會讚揚他們的聰明才智。我們會想說只要給他們聰明機智的評價，他們就會想繼續學習、繼續努力工作。但學者想知道的是如果被稱讚的人遇到挫折的時候——事情變困難或他們遇到瓶頸時——會是什麼狀況呢。

所以在一開始接獲正面回饋後，小學生領到的第二組問題會變難。這一次他們會被告知他們的表現很差（「你退步好多」），每做十題他們對不到五題。接著所有人都會領到難度跟第一組差不多的第三組問題，然後學者會觀察他們回答的狀況。結果沒有被稱讚過聰明的小學生表現跟之前差不多，沒有比較好也沒有比較差。他們答對的題數跟之前相當，而且答題時也看不出異狀。

但之前被讚揚過聰明的學生就不一樣了，他們的表現變差了。沒錯，被讚揚不但沒有讓他們的表現變好，反而產生了反效果。他們答對的題數變少了，而且表現還不如那些沒被讚揚過聰明的學生。

這種稱讚的負面效應還有很多：稱讚學生聰明不僅會讓他們表現變差，而且學生最後還會對答題喪失興趣，對繼續答題變得比較堅持不下去。

稱讚其能力會改變學生看事情的態度。原本他們只是單純對學習感興趣，或是單純覺得解題好玩，但被稱讚過聰明後，解題就會變成他們展現自己有多聰明的機會。聰明變成了他們要嘛有、要嘛沒有的一樣固定的物品。而如果成功意謂著他們聰明，失敗意謂著他們笨——他們就會比較沒興趣在遇到挫敗時努力嘗試。

但這並不代表所有的稱讚都是壞事。

對另外一組學生，研究者稍微調整了一下稱讚時的措辭。他們沒有稱讚人，或是說他們有多聰明，研究者們稱讚了那個過程，也就是說他們很努力（「你剛剛解題解得好認真喔」）。

如同我們在本書中所討論過的許多觀念，這兩種手法的差別看似微乎其微。畢竟所有學生都在一開始被告知了他們表現得很好，而且跟額外被誇獎聰明的人比起來，兩種誇獎的措辭差別真的不大。

但就是那一點點不大的差別，產生了很大的差別。比起稱讚聰明會打擊到學生的動機，誇獎學生的努力過程會鼓勵他們再接再厲。他們會變得有更強的動機去解決更多問題，同時也會更享受整個解題的過程。他們會更有興趣去學習，自己有沒有拿到高分則變得不是那麼重要，而這種心態上的轉變就會讓他們變成一個更好的學生。

跟人說他們聰明、數學好，或是很擅長在台上發表，等於是在對他們說他們的表現取決於某種穩定不變的特質。如果他們考試考得好，那就代表他們擁有那種能力，但如果他們考試考不好，那他們就是沒那個命，就是天生沒有這種本領，他們再怎麼努力也沒有用。

但如果把回饋的措辭改成是對努力過程的讚許，那你就會比較有可能達到你稱讚人想要達到的效果。這代表你應該跟人說他們在考試或簡報中很努力、做得好，也就是不把誇獎的重點放在特質上，而放在特定的任務上。[2]這代表如果事情的結果偶爾不如人意，那也不等於你失敗了或能力不足，那只等於你有些步伐沒有踏對，只需下次再努力點。

幾個（帶有魔力的）文字，就能創造出你想要的一切改變。

---

1 Claudia M. Mueller and Carol S. Dweck, "Praise for Intelligence Can Undermine Children's Motivation and Performance," *Journal of Personality and Social Psychology* 75, no. 1 (1998): 33, https://doi.org/10.1037/0022-3514.75.1.33.

2 同理你也可以說：「幹得好，你一定費了一番心血吧！」或「你真的有做功課耶，從進步就完全看得出來。」

自然語言處理的應用指南

大致上，這本書是把重點放在了個人身上。這本書講的是只要我們能理解科技在語言上的新發展，我們就能增加自己的影響力，讓自己於公於私都更為春風得意。

但其實書中介紹的那些語言工具也同樣可以為企業或組織所用。以下是幾個企業組織可以利用語言工具的案例。

客戶分析

很多公司都使用自然語言處理的一個領域，就是客戶分析。亦即使用客戶或潛在客戶所寫下、說出的東西來協助分析他們將來的行為，或是鼓勵他們做出你希望他們採取的行動。

就以市場區隔而言。有些客戶可能心存問題或抱怨，但他們每個人的問題都不盡相同，我們怎麼知道該把誰導向哪一條路徑呢？透過他們使用的文字，我們就能比較有概念他們在找什麼跟應該讓他們聯繫上誰。我們甚至可以使用機器學習去釐清誰更可能取消訂閱他們的服務，並試著阻止這種事情發生。同樣的概念也可以應用在潛在的客戶上。社群媒體資料提供了豐富的資訊，我們可以從中得知某個人是誰，以及他在乎些什麼。企業可以使用這些資訊去瞄準他們的廣告對象，根據將受眾轉化為客人的成功機率去決定要把什麼訊息秀給誰看。比方說「近似目標定位」（look-alike targeting）就是根據可觀測的特質去尋找與現有客戶相似的人物，然後用得出的結果判定哪個潛在客戶會對某項產品或服務最感興趣。

企業也可以用語言判定該推出什麼產品或該處理什麼問題。一種叫作「社交傾聽」（social listening）的做法會爬梳社群媒體的數據去搞清楚人是如何在討論一款產品、服務或概念。一家飯店可以藉此得知有很多客人在抱怨床鋪，然後做出相應的調整。藥廠可以藉此得知新藥有什麼漸增的副作用或使用者有什麼疑慮。

此外，同類的資料也可以被用在新產品的開發上。知道了消費者對現行的產品或服務有什麼不滿的地方，企業就可以決定要如何推出新品。而網路搜尋資料也同樣可以被用來理解市場裡存在哪些商機，什麼東西讓消費者最感興趣。

法律案件

語言在法律案件中也有很有趣的用法。假設某個清潔劑品牌被指控有「漂綠」（greenwashing）的行為，也就是對外塑造環保的形象來行銷產品，但其實私底下是另外一套做法。這種狀況下的標準做法可能是請專家來描述他們認為的案情。一名原告的專家證人可能會追打一則特定的廣告，並主張因為上面有樹木的照片，或是地球的圖像，所以這就代表該品牌確實在以環保作為其行銷的訴求。

這意見沒有不好，甚至可能還說中了，但這當中有個問題是：它就是個意見而已。而意見的意思就是，它屬於主觀。

既然是主觀，那辯方專家就也可以看著完全一樣的廣告，但生成完全不一樣的意見，畢竟他們立場就不一樣嘛。比方說該廣告也討論到洗淨的效果，所以辯方專家可以主張該品牌並沒有特別強調他們有多環保。

所以到底是怎樣？

比起讓一邊的專家在半猜半推估，另一邊也在做類似的事情，文本分析可以針對實際發生的情形提供一個更為現實的描繪。透過大量把該品牌的廣告（或社群媒體貼文）中的語言累積起來，我們就可以把實際情形勾勒得更加準確。

一個相當單純的起點就是清點個別的字數。取一張環保用字清單（上面有地球、環境、環境友善等字眼），然後清點一下它們各自出現的次數，看有多少比例的廣告或社群媒體貼文使用了至少一次這些單字？再來，我們可以去看這種環保語言是不是長期如此，抑或只在特定地域的少數廣告中看得到？

較為複雜的技術可以讓我們有更多收穫。透過把該清潔劑品牌所使用的語言拿去對比其它主打環保（如代代淨〔Seventh Generation〕與汰漬植物配方〔Tide Purclean〕）或不主打環保（如寶僑旗下的 Gain 洗衣精或汰漬的普通產品）的品牌所使用的語言，我們就能得出一個較為客觀的答案。

利用來自幾十家主打或不主打環保的品牌之數千則廣告或貼文資料，我們就可以訓練某機器學習分類器，使其具備能力去確認出特定廣告或貼文在標榜某品牌很環保的程度。然後透過把所有屬於當事人品牌的廣告跟貼文都用分類器跑過一遍，我們就能得知平均而言，該清潔劑品牌是否有用環保形象在行銷自己。

我們可以用類似的技巧測量一家酒廠品牌是否用廣告鎖定年輕人，或是某個政治人物有無刻意採取民主黨或共和黨的說話口吻。

自動化的文本分析在這些跟類似的例子中特別有用，因為那能讓我們走進時光隧道。

假設有家科技公司正遭到廣告不實的指控。該公司在兩則廣告中宣稱他們家的筆電「輕如羽毛」，而一宗訴訟的內容宣稱消費者就是根據這種不實宣稱才購入了相關的筆電。

此時的一種標準手法會是意見調查。取一組消費者，讓他們看過廣告，然後看他們會不會比沒看過廣告的人更有興趣購入筆電。

很可惜的是，這麼做並無法解決問題，因為雖然意見調查的結果可以顯示消費者今天看過廣告的反應，但我們還是無從得知他們在兩年前看到廣告會有的反應。時空環境已經變了；特定的主張在兩年前跟在今天，可以有完全不一樣的效果，正所謂此一時彼一時也。

這麼一來，除非我們可以發明時光機，否則要知道兩年前的人是怎麼想的，幾乎是不可能的事情。

但文本分析就做得到這一點。

透過對社群媒體貼文或產品評論的分析，我們就可以在大致上獲知消費者有無接收到廣告傳達的訊息，以至於該廣告有無形塑消費者對筆電的態度。比方說透過檢視消費者在廣告之前跟之後所發表之貼文內容，我們就能得知他們有沒有因為廣告而對筆電產生了更為正面的觀感。同樣地只要深究那些貼文的內容，我們就能不僅看出消費者對筆電的評價有無變好，更可以知道他們實際上有無在這些評價中提及筆電的重量。

大眾媒體的語言可以非常實用而有意義。只要去分析報紙上關於該產品的用字，我們就可以看出媒體實際上是否接收了品牌所釋放出的廣告詞。

時間旅行目前尚無可行性，但文本分析能讓我們進行一種新型態的考古。就像古文明的化石一樣，也像保存在琥珀中的昆蟲一樣，數十年前的思想、意見、態度也隱藏在數位化的語言當中。而自動化的文本分析就是我們解鎖當中深意的工具。

某些唾手可得的工具

這本書的重點在於我們能從語言中破解的知識，但某些人可能更有興趣於把應用過程中所提及的一些工具拿來使用。下方是兩種有興趣的人可以拿來玩玩看的東西。

- https://liwc.app/：如果你想在心理學的各種層面上對文本進行評分，這是一個很棒的資源。
- http://textanalyzer.org/：如果你還想在其他層面上對文本進行評分，並擷取出基本的話題或主題，這是個很實用的工具。

如果你感興趣的是更複雜的工具，以及它們可以被用在哪些多元化的環境下，這兩份近期的文獻回顧討論了各種不同的方法：

- Jonah Berger and Grant Packard, "Using natural language processing to understand people and culture." *American Psychologist*, 77(4), 525–537.

- Jonah Berger, Ashlee Humphreys, Stephen Ludwig, Wendy Moe, Oded Netzer, and David Schweidel, "Uniting the Tribes: Using Text for Marketing Insight," *Journal of Marketing* 84, no. 1 (2020): 1–25.

致謝

這本書能夠從無到有，不能不提到的是葛蘭特・派克這名我的合作搭檔、同事、教會了我在語言上幾乎所有知識的好友。我希望我們此後還能長年合作並獲致更多成果。我要感謝霍利斯・漢姆鮑奇（Hollis Heimbouch）與詹姆斯・奈哈特（James Neidhardt）一路上提供我的實用回饋，要感謝吉姆・勒凡（Jim Levine）不間斷給予我的指點與支持，還要感謝諾亞・卡茨（Noah Katz）在數據與參考資料上助我的一臂之力。此外我要致上謝忱給瑪麗亞與傑米，謝謝他們領我走進了語言謎團的新世界，我要特別感謝傑米・潘尼貝克（James W. Pennebaker）在這個領域中的卓越貢獻，並且我要感謝愛書的莉莉與卡洛琳。最後的最後我要謝謝喬登、賈斯柏、潔西與柔伊，是你們讓我的每一天都過得好像有魔力一般。

作者簡介

約拿・博格 Jonah Berger

賓州大學華頓商學院的行銷教授，著有暢銷全球的《瘋潮行銷》、《如何改變一個人》與《看不見的影響力》。他是世界知名的專家，專門研究行為改變、社會影響、口耳相傳，以及產品、點子與行為流行的原因。

博格發表過五十多篇頂尖學術期刊論文，通俗文章散見於《紐約時報》、《華爾街日報》、《哈佛商業評論》等各大刊物。平日亦經常替 Google、Apple、Nike 等企業與蓋茲夫婦基金會（Bill & Melinda Gates）出謀劃策，協助數百間組織推動新產品採用，扭轉大眾觀點，改變組織文化。

他榮登《快公司》（*Fast Company*）商業界最具創意人士排行榜，研究成果多次名列《紐約時報雜誌》的「年度創意」（Year in Ideas）。

譯者簡介

鄭煥昇

在翻譯中修行，在故事裡旅行的譯者。賜教信箱：huansheng.cheng@gmail.com。

big 0422
如何讓人聽你的：華頓商學院教你用文字引發興趣、拉近關係、有效說服

作　　者—約拿．博格 Jonah Berger
譯　　者—鄭煥昇
副總編輯—陳家仁
協力編輯—張黛瑄、聞若婷
封面設計—廖韡
版面設計—賴麗月
內頁排版—林鳳鳳

總 編 輯—胡金倫
董 事 長—趙政岷
出 版 者—時報文化出版企業股份有限公司
108019 台北市和平西路三段 240 號 4 樓
發行專線 02-2306-6842
讀者服務專線— 0800-231-705．(02)2304-7103
讀者服務傳真— (02)2302-7844
郵撥— 19344724 時報文化出版公司
信箱— 10899 臺北華江橋郵局第 99 信箱
時報悅讀網— http://www.readingtimes.com.tw
法律顧問—理律法律事務所 陳長文律師、李念祖律師
印刷—勁達印刷有限公司
初版一刷— 2023 年 9 月 28 日
初版六刷— 2024 年 8 月 8 日
定價—新台幣 460 元
（缺頁或破損的書，請寄回更換）

時報文化出版公司成立於一九七五年，並於一九九九年股票上櫃公開發行，於二〇〇八年脫離中時集團非屬旺中，以「尊重智慧與創意的文化事業」為信念。

ISBN 978-626-374-214-7
Printed in Taiwan

如何讓人聽你的：華頓商學院教你用文字引發興趣、拉近關係、有效說服 / 約拿 . 博格 (Jonah Berger) 著 ; 鄭煥昇譯 . -- 初版 . -- 臺北市 : 時報文化出版企業股份有限公司 , 2023.09
352 面 ; 14.8x21 公分 . -- (big ; 422)
譯自 : Magic words : what to say to get your way.
ISBN 978-626-374-214-7(平裝)

1.CST: 說服 2.CST: 說話藝術 3.CST: 溝通技巧 4.CST: 人際關係

192.32　　112012849